# 建築の仕組みが見える

Mechanism of architecture

X-Knowledge

## マンガでわかる建築設備

監修／山田浩幸　漫画／小林 苗

09

建築の仕組みが見える 09
# マンガでわかる建築設備

## 目次



本書は『ストーリーで面白いほど頭に入る建築設備』(2018年12月刊)を加筆・修正したものです。

カバー・表紙デザイン　名和田耕平デザイン事務所
カバーイラスト　しまりすゆきち
DTP　ユーホーワークス
印刷・製本　シナノ書籍印刷株式会社

## 第1話　現地調査

# 敷地のどこを見てるんだ！

見てみな、建太
あの家、お父さんが
つくったんだよ
ふんっ！
全然すごくないよ
あんなの
ふふっ
あんたったら
じゃあさ、将来
父さんよりすごい家
姉ちゃんにつくってよ
えっ…わ、わかったよ
そんなの余裕だって！
みてろよっ！
絶対オレが父ちゃんより
すんげー家、姉ちゃんに
プレゼントしてやっからさ!!
小さい頃から
姉ちゃんは母親のように
オレを育ててくれた
いつか、そんな姉ちゃんに
恩返しをするんだって…
ずっと、そう思って
いた──

15年後
おい、建太！何回同じようなミスやってんだ!!
菅谷設計事務
まったく、こんな初歩的なミス…
迷惑だ！一級の建築士免許返してこいっ!!
いちいちうっせーんだよクソオヤジ!!
しゃーねーだろ！前の会社じゃ、戸建住宅の設計なんかまったくやってなかったんだからよ
そもそも前の会社が倒産しなかったらオヤジの世話になんかなってねぇーつーんだよ！
イヤならほか行けあ、ほかのところは全部落ちたんだっけか？
んだと！ジジイ!!
ガチャ…
おうちのなかで大きな声出しちゃいけませんよっ!!

ジージと建太ったらも――――！
こらこらナナミ あんたが一番 うるさいわよ…
ごめんね父さん急に この子、病院に連れて 行った帰りなの
病院って またぜんそく が出たのか？
ガー
ガオ、
うん、まあ… 今日は定期検診 みたいなもんだから
あら、友子ちゃん 久しぶり
ヒソヒソ
うっせーな ねーちゃんには 関係ないだろ
ガオッ
建太、ちょっとは父さんと 仲良くしなさいよ あんた、一応、 雇われの身なんだから
そーだよ 関係ないんだ… 姉ちゃんには…
子供の頃、建築士になれば 家なんてすぐに 建てられると思ってた…
親父みたいに 家建てて… そんで…
でも――
プルルルル…!!

所長、いま山田設備さんから電話がありまして、給湯管を架橋《かきょう》ポリエチレン管から銅管に変更させてくれないかとのことです
んー、まったく何度言ったらわかるんだ
わざわざ耐久性の低い材料に変えて誰も得をしないだろうに…
別にいいじゃねーか
設備業者にだっていろいろ都合があるんだよそれくらい勘弁してやれよ
それに配管なんて外から見えねーんだしさ
ママ、チョコは～？
はぁ～お前、本気で免許返してこい
なっ⁉
建築物にとって設備とは何だ？
は？
そ、そりゃ、戸建てだと給排水、給湯、ガス設備なんかの**給排水衛生設備**だろ…
それと、冷暖房、換気設備なんかの**空調・換気設備**
あと、電力の引き込み設備や電灯コンセント設備、通信・弱電《じゃくでん》設備なんかの**電気設備**だろ
テストで覚えた

教科書的に言えば
そうだろう
だが、私はそういうことを
聞いてるんじゃない
はぁ?
いいか
建築設備とは
一言で言えば
建物という体を動かす
臓器であり血管だ!
快適に生活を
送れるかどうかは
すべて設備計画の良し
悪しにかかっている!!
あ??
ふぅ〜
いいだろう、
人間に例えて
もう少しわかりやすく
説明してやろう

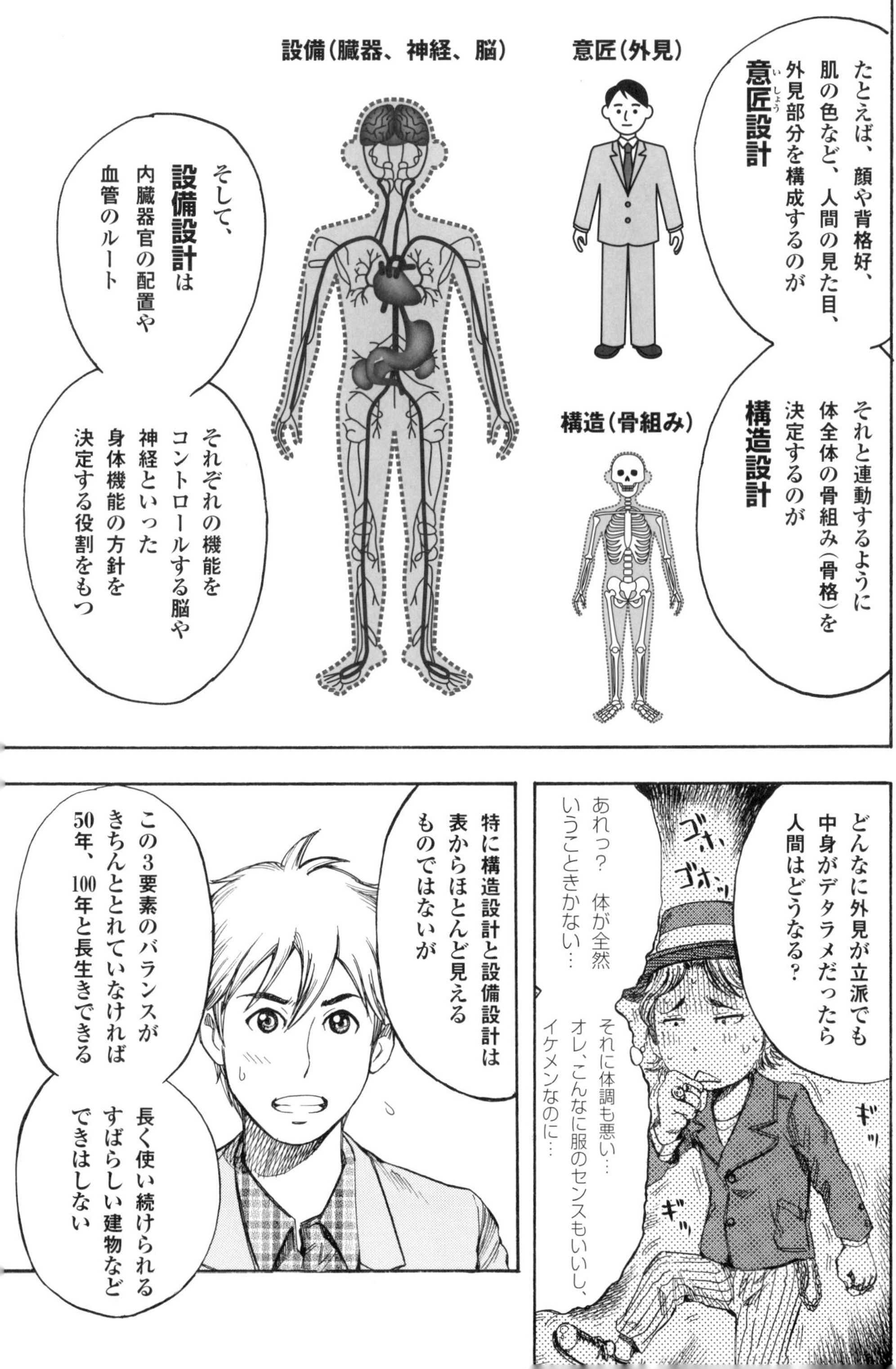
たとえば、顔や背格好、肌の色など、人間の見た目、外見部分を構成するのが意匠《いしょう》設計
意匠（外見）
設備（臓器、神経、脳）
それと連動するように体全体の骨組み（骨格）を決定するのが構造設計
構造（骨組み）
そして、設備設計は内臓器官の配置や血管のルート
それぞれの機能をコントロールする脳や神経といった身体機能の方針を決定する役割をもつ
どんなに外見が立派でも中身がデタラメだったら人間はどうなる？
ゴホッ
ゴホッ
あれっ？ 体が全然いうこときかない…
それに体調も悪い… オレ、こんなに服のセンスもいいし、イケメンなのに…
ギッ
ギッ
特に構造設計と設備設計は表からほとんど見えるものではないが
この3要素のバランスがきちんととれていなければ50年、100年と長生きできる
長く使い続けられるすばらしい建物などできはしない

建築設計の三大要素
意匠
構造
設備
ここからすばらしい建物が生まれる
だから、配管の材料1つとってもおろそかにはできんのだ
とりわけ近年は住宅における設備の割合が増えメンテナンスや更新を考慮した設備計画の重要性が高まっている
サスティナブルという言葉くらい、お前も知っているだろう
サ、サスティ…
う…
サスティナブルとはこの場合、耐久性の高い建物を指す
もー、子供ふえたらキッチン手ぜまになっちゃったなー
広いキッチンに換えようかしら…
チカ
チカ
あ、電機こわれてるね
あたらしい電機機器出たらしいから、そっちに換えよっかー
ライフスタイルの変化や新しい設備機器の登場で現代の建物は、建物自体よりも設備、人間でいうなら内臓のほうが寿命が短い
しかし、設備の改修工事が必要になったとき設備の更新をまったく考慮せず建てられた建物は…
どよ〜ん…
配管なんかがいじれないんでこれだと建て替えた方が安いかも知れませんねー
えー!・ちょっと水廻りリフォームしようと思っただけなのにー!!
大がかりな工事が必要になり、莫大な費用がかかってしまう
その結果、家ごと建て替えざるを得ないという選択になってしまうこともある

こ、こわいわ…
ガオー
あら
ふふ…
そういったリスクを減らすために設計当初から将来を見据えて間取り・内装の変更やリフォームのしやすさ、設備のメンテナンス性や更新などを考え、
建物をなるべく長く耐久させて、建物による環境負荷を減らそうというのがサスティナブルという考え方だ
どんな立派な建物でもそれを生かすも殺すもすべては設備に配慮した設計にかかっていると私は思っている
意匠やコストを優先してたとえ配管1本でも設備をないがしろにするようなヤツは、そこに住む人間のことを真剣に考えていないということ
設計者としては失格だ!!

くっ…
そ、そうだ父さん うちの土地はもう見てくれたの？
あっ、すまん 今からちょうど給排水や電気、ガスのインフラ設備の現地調査に行くところだったんだ
まぁ、まかせておけ お前ら夫婦の念願のマイホームだ オレが最高の家を建ててやるからな
あっ…
……
…あのね、父さん そのことなんだけど 相談があるの
私さぁ、建太が 一級建築士の免許とったとき お祝いとか何もしてあげられなかったから…
え？

なに———！
建太にお前の家の設計を任せてやりたいだ———!?
何の冗談だ!? 無理に決まってるだろ！
あら〜…
弟思いなのも結構だがそれじゃあロクな家は建たんぞ!!
カキーン
何よ！ その言い方!! そんなのやってみないとわかんないでしょ！
うっ！
建太はどうなのよっ！ やってくれるの？
えっ、あの…
無理だと言ってるだろ！ 高いカネ、ドブに捨てる気かっ！
私の家なんだから勝手じゃないの!!
おい、オヤジ…

オレだって前の会社で遊んでたわけじゃねーんだ
人の実力も知らないくせに勝手に決めつけてんじゃねーぞ!
ほう…ぺーぺーのお前が実力ときたか おもしろい冗談だな
フンッ
何だと!!
ケンカしちゃダメ――――!
ぶぅー!
ナ、ナナミ…
まぁ、そうだな… ちょうどいい 今から友子が買った土地の現地調査に行く
ゴホゴホ
お前も設計者の端《はし》くれなら現地調査がどれだけ重要かわかるだろう
お前の言うその実力とやらを存分に見せてもらおうか

ブロロロ…

ところでさぁ
何すんの？
現地調査って？

家を建てるときは大きな流れがあって
特に設備計画は現地でいくつか大切なことを自分の目で確かめなければならない
この現地調査をしっかりやっておかないと後々必ず不都合が起こってくる

## 設備計画・設計の流れ

建築の基本計画 → 構造の基本計画 → 設備の基本計画 → 基本計画完了 → 建築の実施設計 → 構造の実施設計 → 設備の実施設計 → 実施設計完了 → 施工会社へ見積り依頼 → 施工会社の決定 → 工事着工

**設備の基本計画**

- 大まかな設備方針の決定（建て主の要望をヒアリングする）
- 現地で各設備のインフラを調査、供給方法と引込み位置を検討
- 各設備の主要機器の設置場所とスペースを検討（メーターの設置場所など）
- 各設備の配管・幹線ルートと納まりを検討（メンテナンスや更新を考慮）

設備の基本計画 ⇢ 建築の基本計画：計画の補正

**設備の実施設計**

- 設備内容の最終決定（建て主の要望を最終確認）
- 設備機器のスペックを決定
- 設備機器の配置と詳細納まりの決定
- すべての設備ルートと詳細納まりの決定
- 意匠上露出する設備の位置や仕様の最終確認

設備の実施設計 ⇢ 建築の実施設計：設計の補正

実施設計完了 → 工事着工：事前協議、確認申請

意匠や構造と連動しながら計画・設計を進めていくよ！

キッ
調べる個所はいろいろあるがまず確認したいことが2つある
それは何だ？建太
車ない…
え…2つ…
そ、そりゃ、やっぱあれだよほら、あれ…
なんつったっけあの四角い…
給水設備の調査
はぁ…量水器《りょうすいき》（水道メーター）と公設桝《こうせつます》の場所だ
特に、この土地のように前に建っていた家を取り壊して更地《さらち》に戻したところはな
え？
へぇ～、なんで？
復活!!

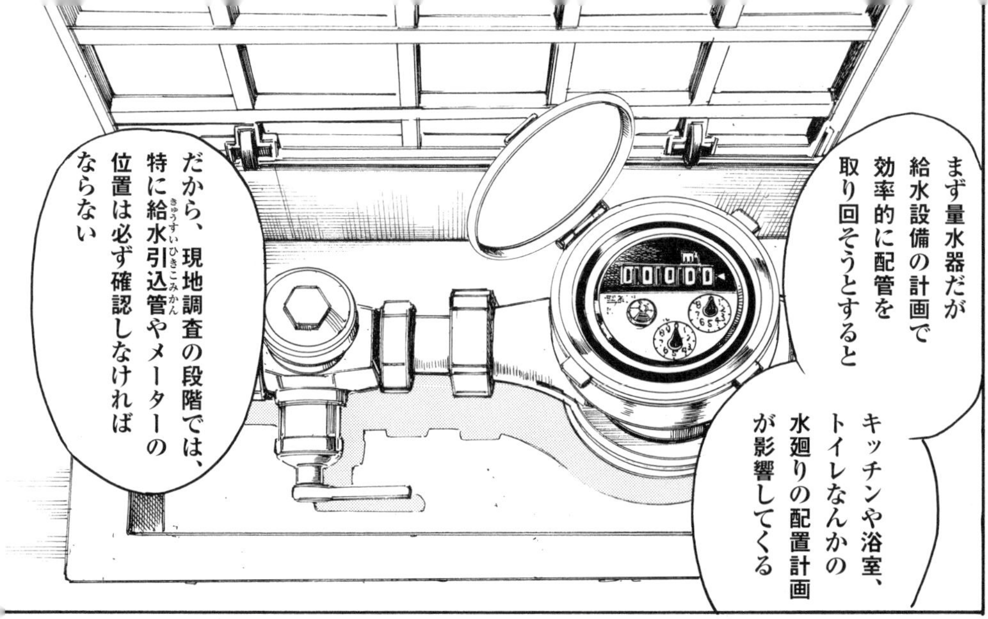
まず量水器だが給水設備の計画で効率的に配管を取り回そうとすると
キッチンや浴室、トイレなんかの水廻りの配置計画が影響してくる
だから、現地調査の段階では、特に給水《きゅうすい》引込管《ひきこみかん》やメーターの位置は必ず確認しなければならない

## 量水器の位置と水廻りの配置計画

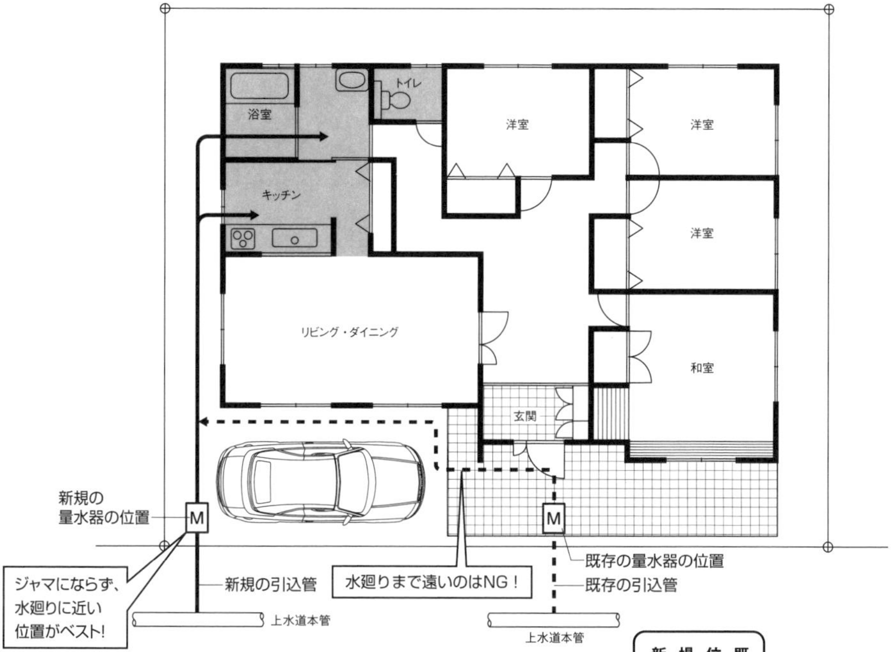
浴室
トイレ
洋室
洋室
キッチン
洋室
リビング・ダイニング
和室
玄関
新規の量水器の位置
M
M
既存の量水器の位置
ジャマにならず、水廻りに近い位置がベスト!
新規の引込管
水廻りまで遠いのはNG！
既存の引込管
上水道本管
上水道本管

既存の量水器の位置が悪くて移設する場合は、引込管も新設になるよ

よし、建太
量水器を
探してこい
は？
探せったって
こんな草ボーボーの
ところからどーやって…
あ、忘れてた
ほれ、水道局で
上水道台帳(※)の
コピーもらっといたから
…ジジイ
先に出しとけよ
※敷地内の配管図には個人情報が含まれるため、プライバシーの観点から土地の所有者(水道利用者)以外は上水道の詳細情報を閲覧できない場合がある。閲覧するには、設計者が事前に申請書・委任状・申請費用などを用意しておく必要がある
ガサッ
うわっ、あったけど
メッチャ埋まってんじゃ
ねーかよ…
わかんねーよ、
こんなの…
おーい、あったぞ
で？

で？
じゃねーだろ
人が泥だらけに
なって…
だから――
口径《こうけい》は
何ミリなんだ？
へっ？
口径？
そんなの
聞いてねーし！
はぁ…
若いヤツに現調《げんちょう》やらすと
たいがいそうなんだよ
「はい、ありました」って
それで終わり
大きさとか、使えるかどうかとか、
そういう基本的なことを
何で確認しようとしないんだ？
あー！
ムカつく!!
うー…
まぁ
まぁ
んー、メーターの口径は
13ミリか…
これだと水量が
ちょっと足りないか…
何かダメなの？
メーターの口径は
水を送るパイプの太さ
つまり、一度にどれだけの水を
使えるかに関係してくる
13mm

戸建てだと、だいたい13ミリ、20ミリ、25ミリなんだが、簡単に言うと昔の家でよくある13ミリは今の家ではちょっとパワー不足
かくれんぼしよーっ
今はちょっと…
20ミリだと、シャワーを使っているとき、ほかの場所で水を使うと若干、水量が落ちる
25ミリだと、まあどれだけ使っても大丈夫だな
へ～じゃあ25ミリのほうがいいわよね？

## メーター口径の決め方

- 水道直結方式の場合は、簡易的に水栓《すいせん》の数からメーター口径を決定することが多い
- メーター口径が大きいほど使用水量も増える。これにより水道料金の基本料金が決まる
- 水道加入（負担）金が必要な場合は、給水引込管口径やメーター口径によって異なる場合があるので、水道局に確認する

戸建住宅

| メーター口径［㎜］ | 水栓数 |
|---|---|
| 13 | 1～4 |
| 20 | 5～13 |
| 25 | 14以上 |

●メーター口径の目安

メーター口径 13㎜　日常生活に支障はないが、最新設備の導入時にはパワー不足を感じることもある

メーター口径 20㎜　現在一般的なメーター口径。最新のシャワーでも安心して使用できる。ただし、同時使用時には若干パワー不足となる

メーター口径 25㎜　シャワーとキッチンを同時使用しても十分な水量を確保できる

シャワー中や、キッチンで洗い物をしているときに水量が落ちるのはいやですよね

でも、それってお金かかるの？
ん？家建てる前だったら、たぶん、そんなには…
水道水というのは道路下に埋設されている上水道本管《じょうすいどうほんかん》から
給水引込管《きゅうすいひきこみかん》を使って敷地内へ供給されるのは知ってるだろ

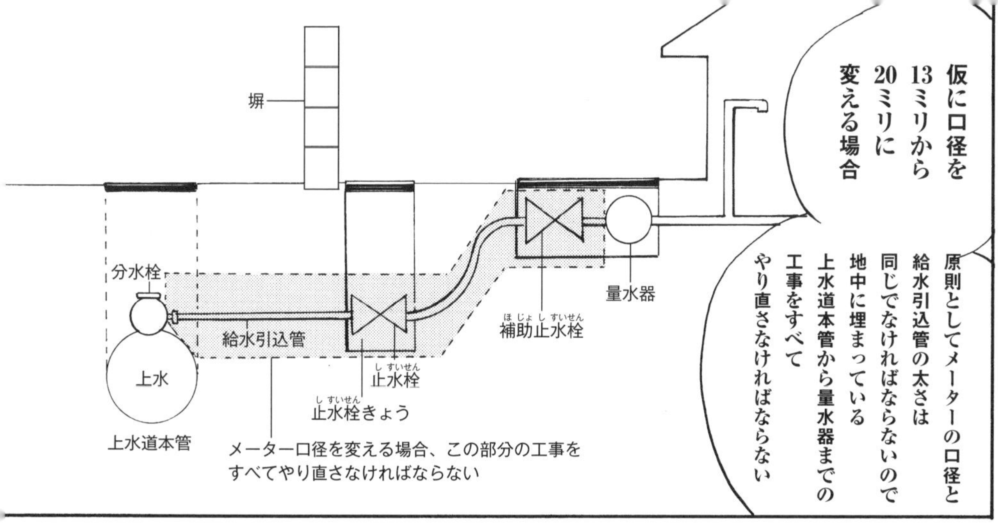
仮に口径を13ミリから20ミリに変える場合
原則としてメーターの口径と給水引込管の太さは同じでなければならないので地中に埋まっている上水道本管から量水器までの工事をすべてやり直さなければならない
塀
分水栓
給水引込管
上水
上水道本管
止水栓《しすいせん》
止水栓《しすいせん》きょう
補助止水栓《ほじょしすいせん》
量水器
メーター口径を変える場合、この部分の工事をすべてやり直さなければならない

ある程度の出費は覚悟しなければならないが今後子供が増えることなども見越して水量は多くしておいたほうがいいだろう
それに、引込直しをするなら20ミリでも25ミリでも工事費や毎月の基本料金に大差はないから私は25ミリをすすめている

## 給水設備の調査の流れ

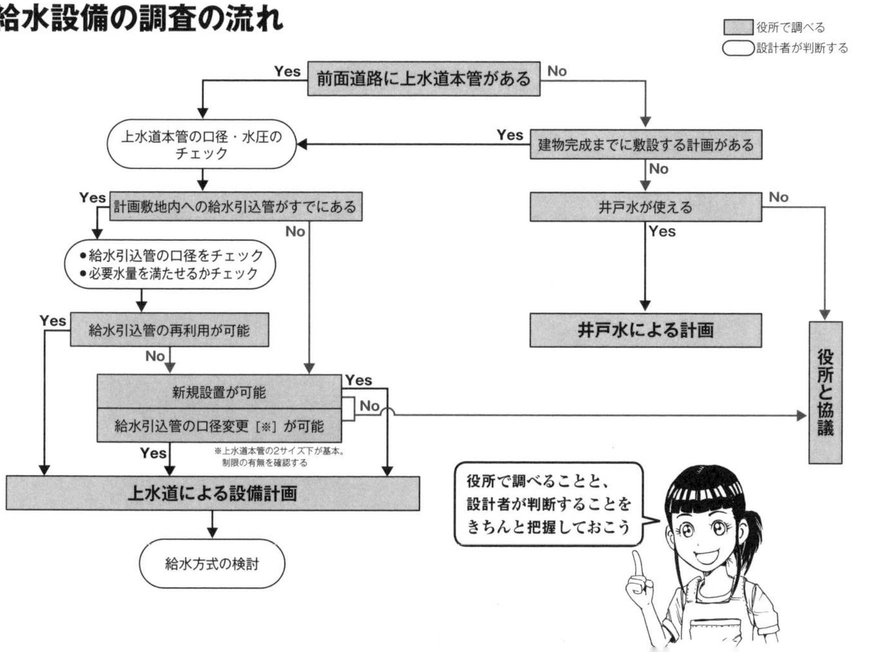
役所で調べる
設計者が判断する
前面道路に上水道本管がある
Yes
No
上水道本管の口径・水圧のチェック
建物完成までに敷設する計画がある
Yes
No
計画敷地内への給水引込管がすでにある
Yes
No
井戸水が使える
Yes
No
●給水引込管の口径をチェック
●必要水量を満たせるかチェック
給水引込管の再利用が可能
Yes
No
井戸水による計画
新規設置が可能
Yes
No
給水引込管の口径変更［※］が可能
Yes
※上水道本管の2サイズ下が基本。制限の有無を確認する
役所と協議
上水道による設備計画
給水方式の検討
役所で調べることと、設計者が判断することをきちんと把握しておこう

ふ～ん、そういう
出費も考えとかないと
いけないのね…
帰って相談してみるわ
あとは給水方式だが
2階建ての戸建てだと
方式は何だ？
そ、そりゃ
水道直結方式だろ…
バカにすんな！

**水道直結方式…上水道本管の水圧で直圧給水する方式**

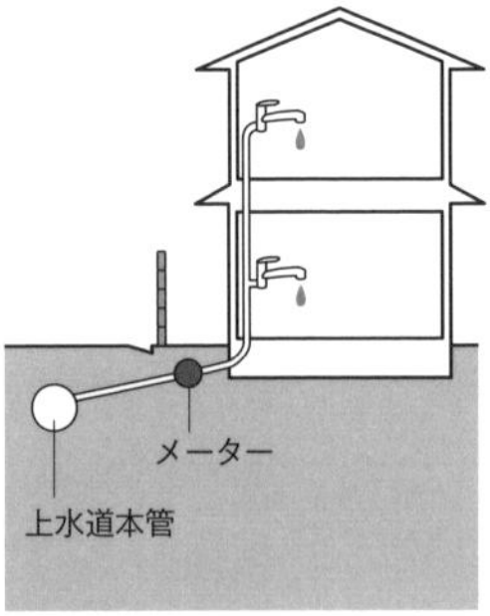
メーター
上水道本管

| | |
|---|---|
| 適する建物の規模 | 3階建て以下 |
| 給水の仕組み | 上水道本管の圧力を利用して給水 |
| 給水圧力の変化 | 上水道本管の水圧に連動する |
| 衛生面 | 上水が直接供給されるので水質汚染の可能性が少ない |
| 断水時 | 給水できない |
| 停電時 | 給水できる |
| 機器スペースの確保 | 必要なし |
| 注意点 | 地域によっては、上水道本管の水圧や材質などの条件が満たされれば、申請したうえで、5階建てまで直結方式が可能になる場合もある（※） |

※ ただし、屋上に給湯器を設置すると4階直結給水扱いになるので注意する

ふん、まあ
それくらいは当然か
それじゃ、次は排水設備に
欠かせない公設桝《こうせつます》の確認だな
建太、
なぜ公設桝の確認が
大事なのかわかるな？
え、
そんな愚問…
当たり前だろ…
何？ その公設桝って
初めて聞いた…

公設桝というのは簡単に言えば
排水設備の調査
家庭から出た排水や汚水、雨水《うすい》などを、その桝を通して下水道本管に流すためのものだ
ふ～ん、でも何でそんなことすんの？
ここが面倒なところなんだが排水の方式は地域ごとに決まっていて、自分では選択できないんだ
ゴミだって、地域や処理場によって分別方式が違うだろ？あれと一緒だな
たとえば、雨水と生活排水をまとめて下水道本管に流す合流方式と都市下水道の雨水専用本管が整備されている地域や、
逆に下水道本管の設備が遅れている地域では、雨水のみを道路側溝へ放流したり、敷地内で浸透処理を行ったりする分流方式とに分けられる
下水道や下水処理施設が整備されていない地域だと浄化槽《じょうかそう》を設置して敷地内で処理してから道路側溝《そくこう》なんかに流したりとか
うん知ってた
排水方式によって公設桝の数や用途が変わってくる
公設桝というのは使い方によってさまざまな種類がある排水方式に対応できる便利なものなんだ
へ～いろいろあるのね～

# 排水設備を調査する流れ

というわけでこの下水道台帳（※）を見ながら公設桝の位置を確認してこい

え、あ、ああ…

※下水道台帳には、下水道管の位置・深さ・管径や公設桝の位置などが記載されている

◎下水道台帳は、基本的には管轄の下水道局で閲覧する。自治体によっては、インターネットでダウンロードできるところもある

まず読み取らなければならないのは、計画敷地の前面に下水道が敷設されているか。敷設されている場合、次に確認するのは放流方式となる

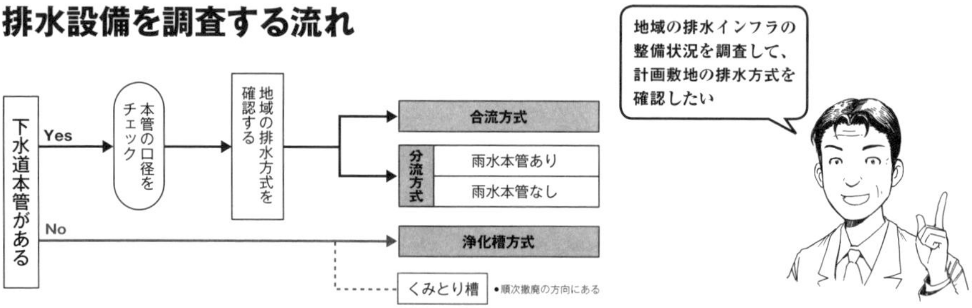

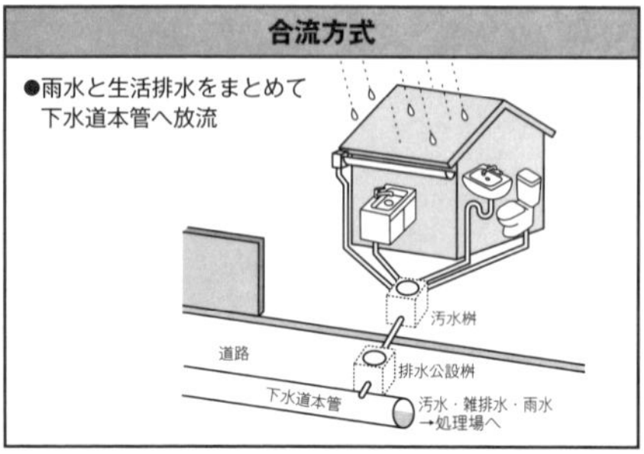

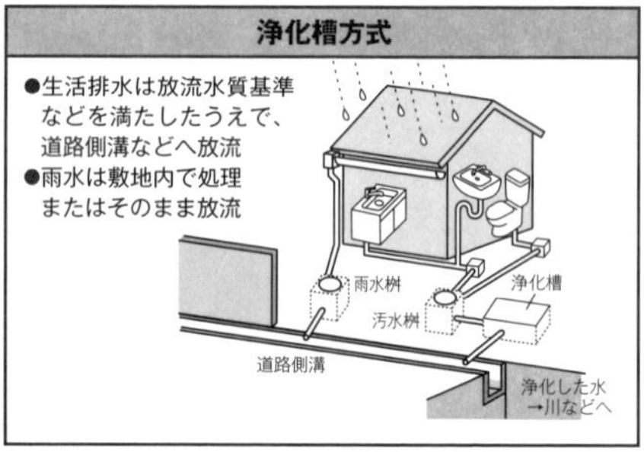

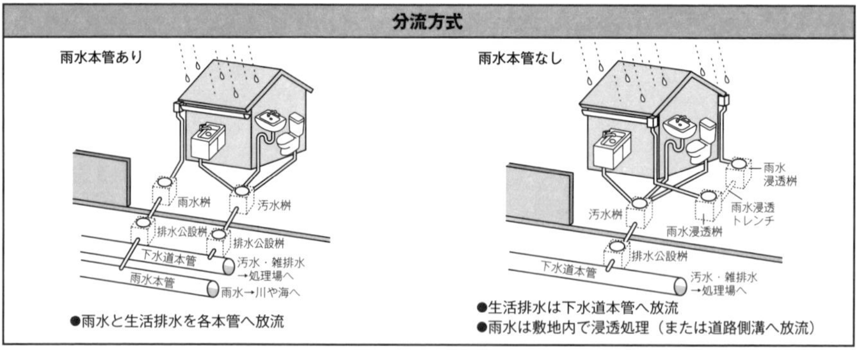

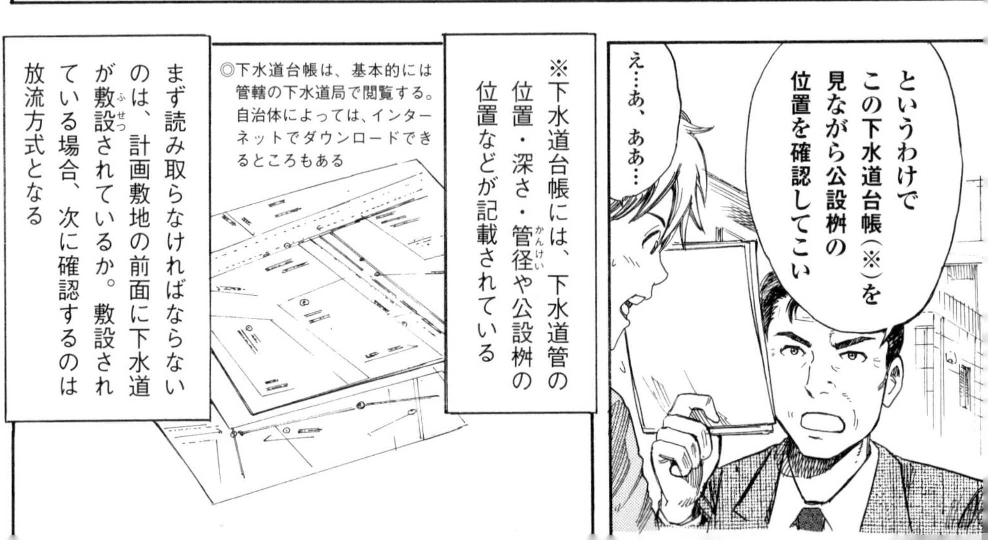

# 下水道台帳はこうなっている!

### ●主な記号の見かた

**下水道管の種類**

- 合流管（下水道本管）
- 汚水管
- 雨水管

**下水道管の断面形状**

- ◉ 円形
- □ 矩形
- 馬てい形

**排水公設桝の種類**

- ○ 汚水桝
- ● 雨水桝（道路排水用）
- 浸透雨水桝（雨水抑制一連桝）／道路排水用
- 浸透雨水桝（雨水抑制二連桝）／道路排水用
- ⊙ 小型汚水桝
- 宅地排水用雨水桝

**マンホール（人孔）の種類**

- 矩形人孔（内法90×60cm）
- ◉ 円形人孔（内径90cm）
- (○) 楕円形人孔（内径120×90cm）
- ○ 円形人孔（内径120cm）
- ◎ 円形人孔（内径150cm）
- ① 組立円形人孔（内径90cm）

**合流方式**

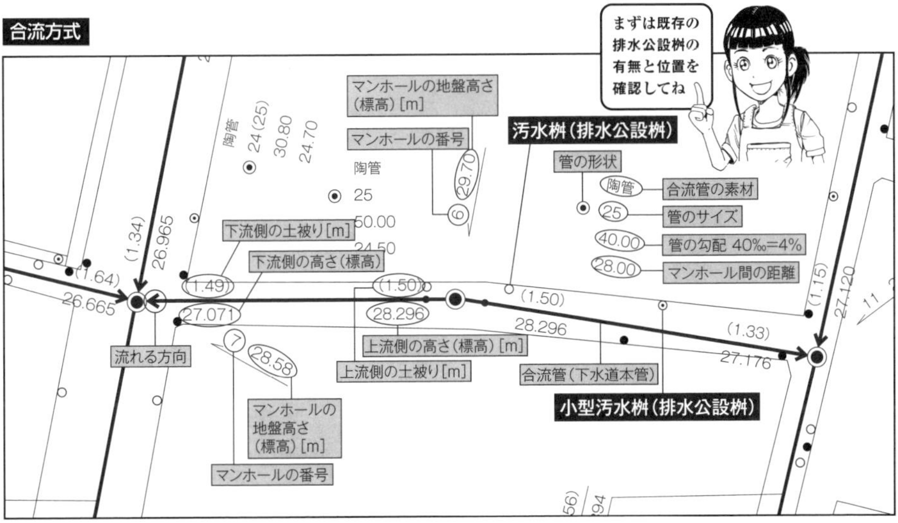


**分流方式**

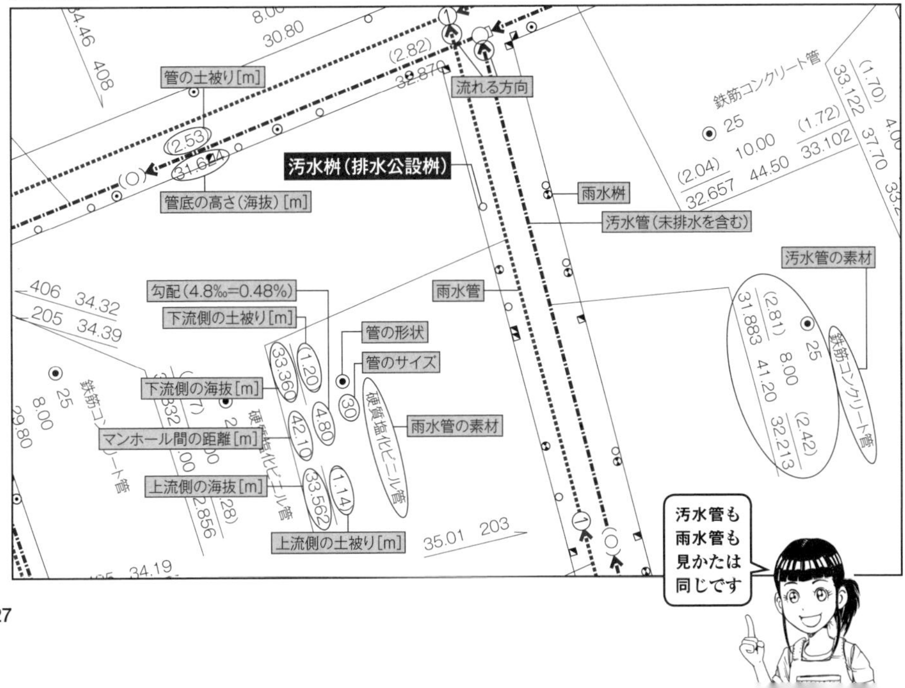

えーっと…
ここが境界線だから…
ケンケン
パッ
あ、あった!!
おい、それは道路用の雨水桝《うすいます》だろ…なに、お約束の間違い(※)やってんだ
※公設桝と道路用雨水桝は、新人設計者が間違えやすい、もっともアリガチなミスの一つである
ははっ、じょ、冗談に決まってんだろ
勝手に外に出ないでよ!
あっ、しまったあれか!
ふむ…ほかに公設桝はないだろうな?
え?ああ
台帳にはこれしか描いてないし…
あ、公設桝って1つじゃないんだっけ?

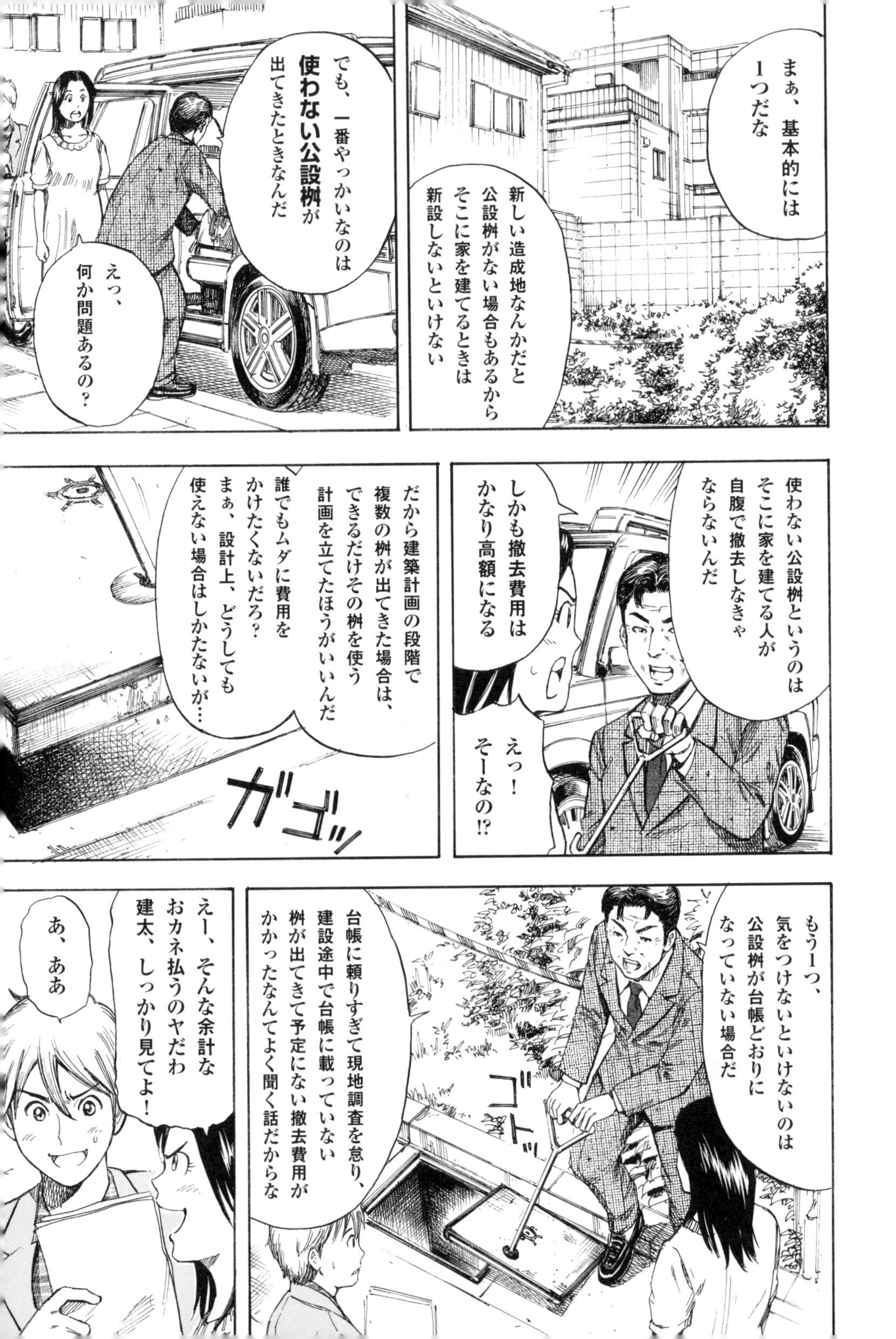
まぁ、基本的には1つだな
新しい造成地なんかだと公設桝がない場合もあるからそこに家を建てるときは新設しないといけない
でも、一番やっかいなのは使わない公設桝が出てきたときなんだ
えっ、何か問題あるの？
使わない公設桝というのはそこに家を建てる人が自腹で撤去しなきゃならないんだ
しかも撤去費用はかなり高額になる
えっ！そーなの!?
だから建築計画の段階で複数の桝が出てきた場合は、できるだけその桝を使う計画を立てたほうがいいんだ
誰でもムダに費用をかけたくないだろ？まぁ、設計上、どうしても使えない場合はしかたないが…
ガゴッ
もう1つ、気をつけないといけないのは公設桝が台帳どおりになっていない場合だ
台帳に頼りすぎて現地調査を怠り、建設途中で台帳に載っていない桝が出てきて予定にない撤去費用がかかったなんてよく聞く話だからな
ゴトッ
えー、そんな余計なおカネ払うのヤだわ建太、しっかり見てよ！
あ、ああ

それに量水器と同じで公設桝の位置は排水の設備計画に大きくかかわってくる
排水設備の計画は公設桝の位置を前提に立てないといけないからな
だから、台帳だけに頼らずこうやってメジャーを使って正確な位置や深さなんかをきちんと調べることが本当に大切なんだ
後になって位置や深さが間違っていたなんてことになったら建築の計画に大きな支障が出てしまう
へー

## 給排水の全体像を見ておこう

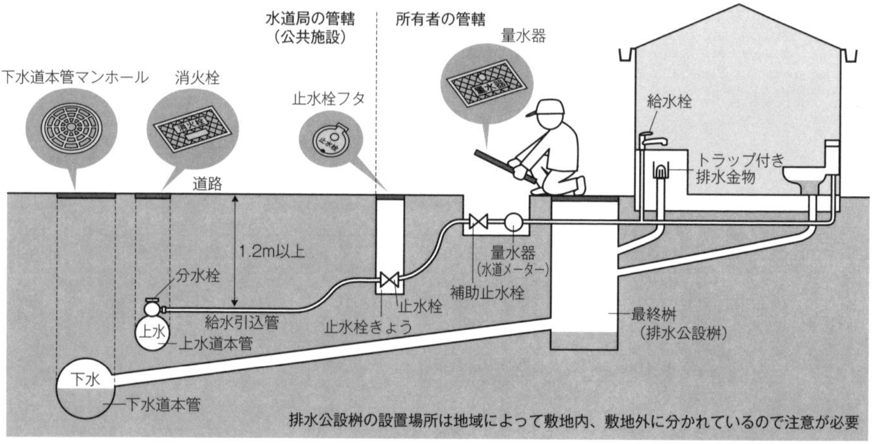
水道局の管轄
（公共施設）
所有者の管轄
量水器
下水道本管マンホール
消火栓
止水栓フタ
給水栓
トラップ付き
排水金物
道路
1.2m以上
分水栓
量水器
（水道メーター）
補助止水栓
止水栓
給水引込管
止水栓きょう
上水
上水道本管
最終桝
（排水公設桝）
下水
下水道本管
排水公設桝の設置場所は地域によって敷地内、敷地外に分かれているので注意が必要

## その他、現地調査のチェックポイント

量水器や公設桝のほかにもチェックするものはまだまだあるぞ！

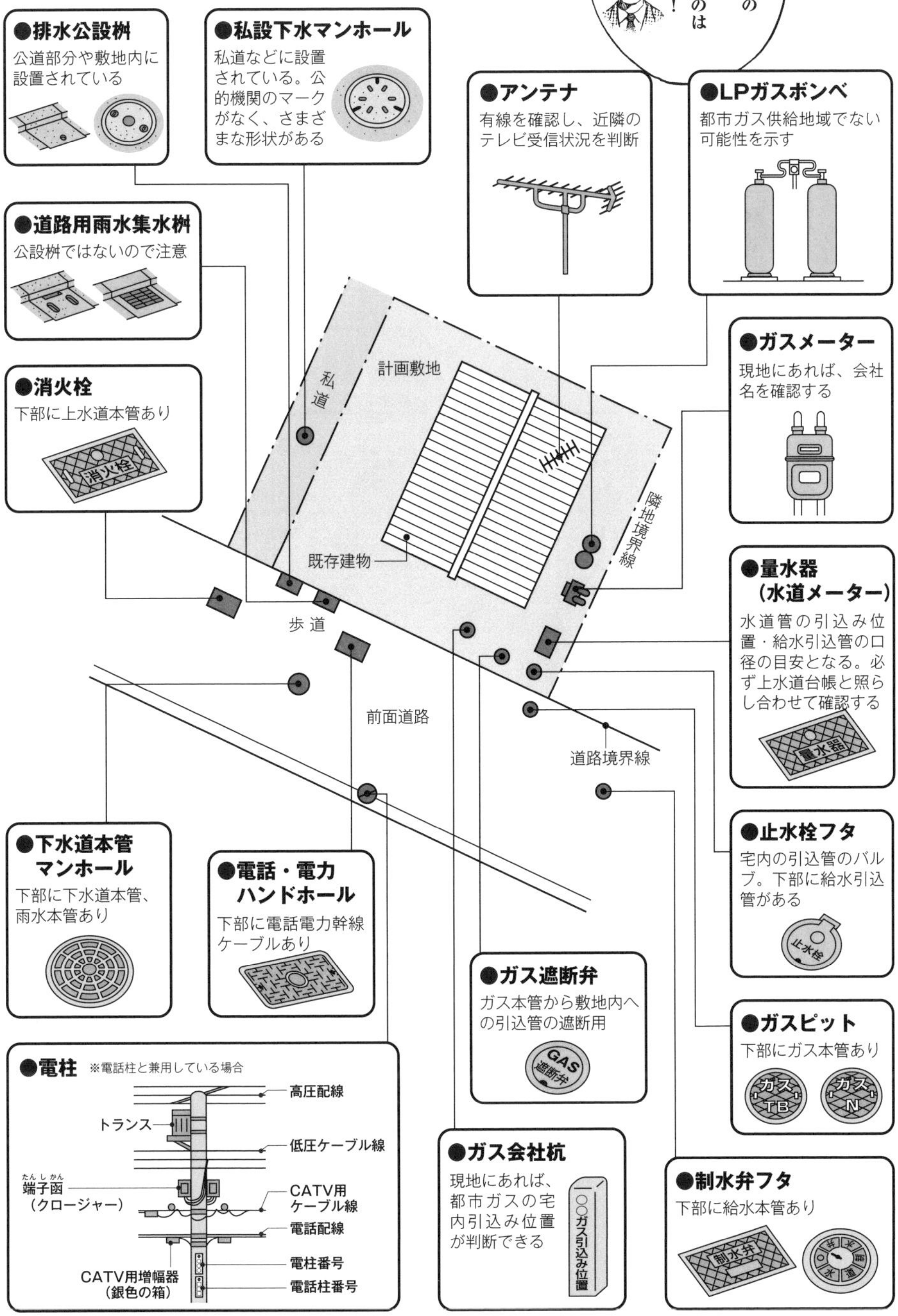
●排水公設桝
公道部分や敷地内に設置されている
●私設下水マンホール
私道などに設置されている。公的機関のマークがなく、さまざまな形状がある
●アンテナ
有線を確認し、近隣のテレビ受信状況を判断
●LPガスボンベ
都市ガス供給地域でない可能性を示す
●道路用雨水集水桝
公設桝ではないので注意
●ガスメーター
現地にあれば、会社名を確認する
●消火栓
下部に上水道本管あり
消火栓
私道
計画敷地
隣地境界線
既存建物
歩道
前面道路
道路境界線
●量水器（水道メーター）
水道管の引込み位置・給水引込管の口径の目安となる。必ず上水道台帳と照らし合わせて確認する
量水器
●止水栓フタ
宅内の引込管のバルブ。下部に給水引込管がある
止水栓
●下水道本管マンホール
下部に下水道本管、雨水本管あり
●電話・電力ハンドホール
下部に電話電力幹線ケーブルあり
●ガス遮断弁
ガス本管から敷地内への引込管の遮断用
GAS 遮断弁
●ガスピット
下部にガス本管あり
ガス TB
ガス N
●電柱 ※電話柱と兼用している場合
高圧配線
トランス
低圧ケーブル線
端子函《たんしかん》（クロージャー）
CATV用ケーブル線
電話配線
CATV用増幅器（銀色の箱）
電柱番号
電話柱番号
●ガス会社杭
現地にあれば、都市ガスの宅内引込み位置が判断できる
○○ガス引込み位置
●制水弁フタ
下部に給水本管あり
制水弁

と、ところで、オヤジ…
ジージ、だるまさんがころんだ、やろー!!
い、いや、ナナミ、ジージは今ちょっと忙しいから…
えー！つまんなーい!!
こら、ナナミおじいちゃん、困ってるでしょ！
ガチャ
ぶぅーっ
は…はは…
オヤジ、えーと…
ブロロロ…
ん…!?
あのー、建太くーん…ここにもう1つ公設桝があるみたいだけど…
台帳のほうはどうなってんのかなー
えっ、だって、台帳には1コしか…

さっきも言ったが
公設桝に限らず
まれに台帳と現地の状況が
異なることがある
当然、
その場合は現状が優先だ
それを確認するためにも
現地調査は大切なんだ！
なんだよ
ちょっと見落とし
てただけだろ…
お前がどんな立派な
家を設計できるのか
私は知らんが
建築士として
こういう基本的なことを
おろそかにするようでは
友子が何を言おうと
お前に友子の家を
設計させることを
私は絶対に
認めるわけには
いかない
はぁ…
…姉ちゃん
ほい

情けないよな、まったく…ホント、自分でもよく一級受かったなって思うよ
オレ、前の会社でビルの設計しかやってなかっただろ…
ちょっとは自信あったんだけど…いざ住宅の現場に出てみると全然、勝手が違ってて…
わかんないことばっかで…もうどうしたらいいのか…
あのさ――
変わんないわね！あんたのそういう言い訳がましいところ!!
そんな悩み誰にだってあるでしょ！情けない!!
昔っから口だけは達者なくせに行動が伴わない！
うっ
いま重要なのはあんたがちゃんと私との約束を守れるかどーかってことなのよ!!
や、約束？
なに、すっとぼけてんのよ！あんた昔、私に家を建ててくれるって約束したでしょ
私が約束を守らないヤツすごくキライなの知ってるわよね
…姉ちゃんそれ…覚えて…

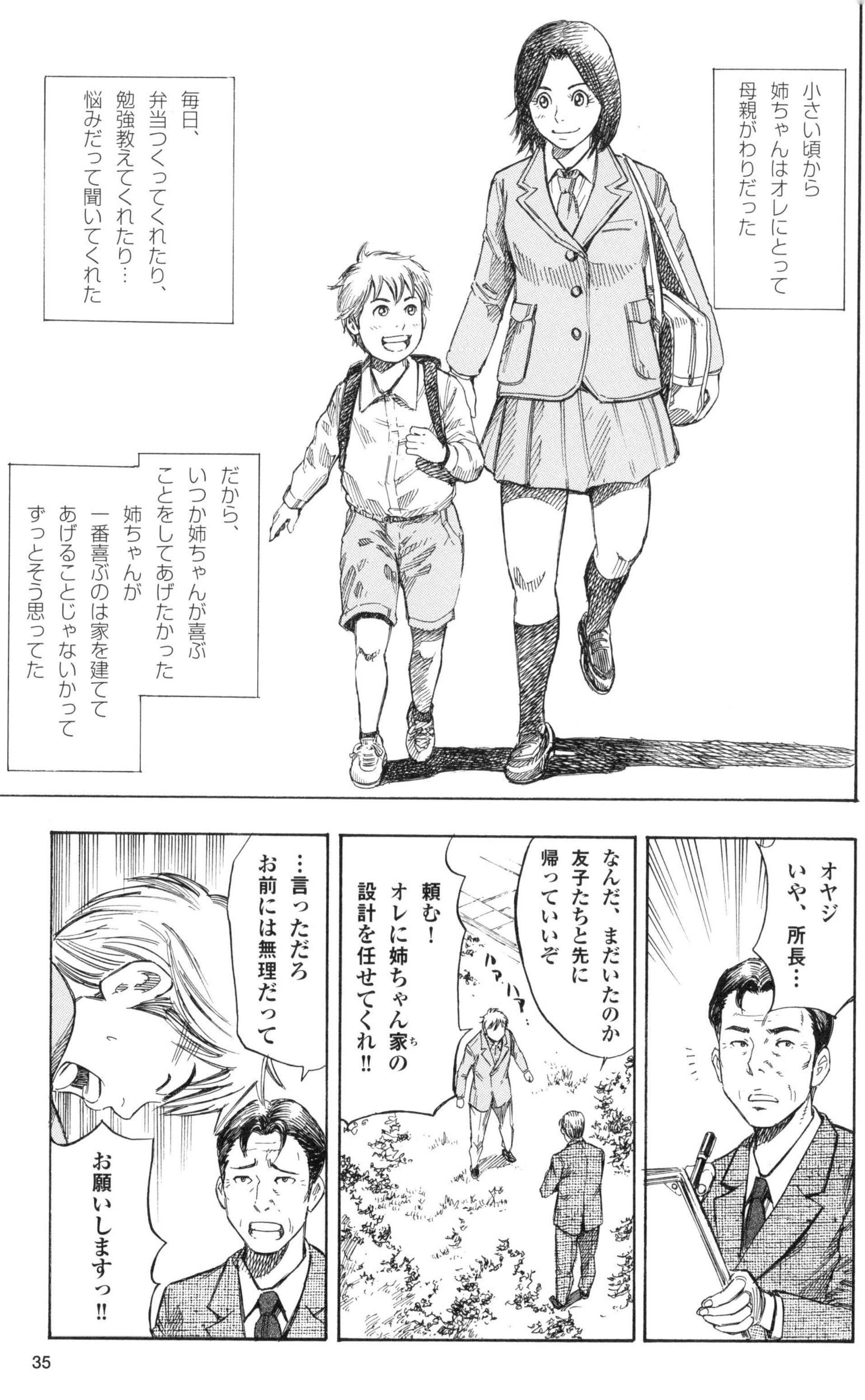
小さい頃から
姉ちゃんはオレにとって
母親がわりだった
毎日、
弁当つくってくれたり、
勉強教えてくれたり…
悩みだって聞いてくれた
だから、
いつか姉ちゃんが喜ぶ
ことをしてあげたかった
姉ちゃんが
一番喜ぶのは家を建てて
あげることじゃないかって
ずっとそう思ってた
オヤジ
いや、所長…
なんだ、まだいたのか
友子たちと先に
帰っていいぞ
ハァ ハァ…
頼む！
オレに姉ちゃん家《ち》の
設計を任せてくれ!!
…言っただろ
お前には無理だって
お願いしますっ!!

オレ、どうしても
やりたいんだ…
力不足なのはわかってる
だから、いくらでも勉強する
いくらでも頑張る…だから
……
ナナミ、行けっ！
ジージ!!
ダッ
建太、いじめちゃダメ!!
うっ!!
ガッ
わ、わかった
だが、条件がある
期限は3週間
住む人間のことを本当に考えた建築計画が
お前に出来たなら…
その技術と知識が
お前にあると
私が判断したらだ

第2話 給排水衛生設備の設計

# そこに職人への愛はあるか？

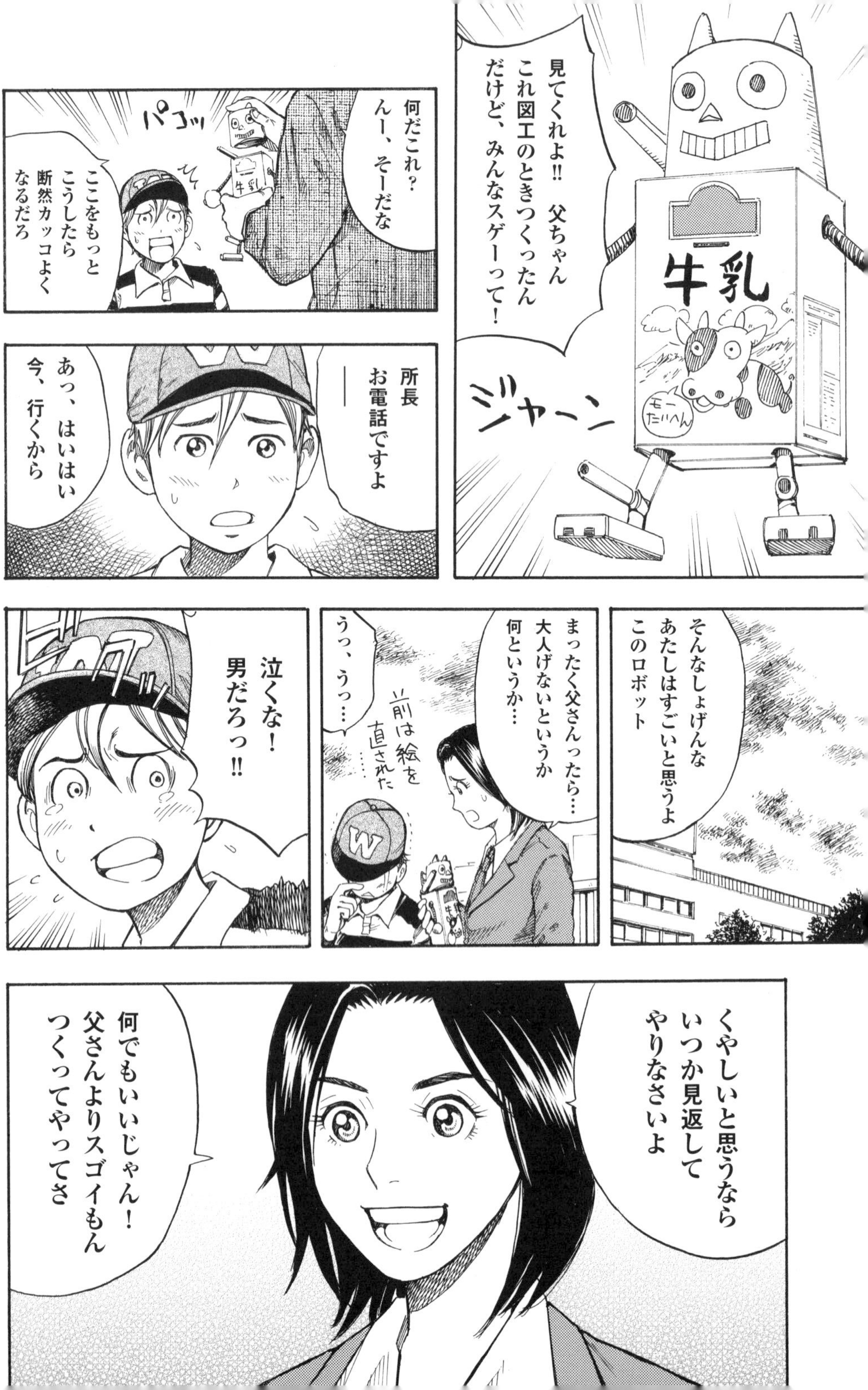

見てくれよ!! 父ちゃん
これ図工のときつくったん
だけど、みんなスゲーって!
ジャーン
牛乳
モー
たいへん
何だこれ?
んー、そーだな
パコッ
牛乳
ここをもっと
こうしたら
断然カッコよく
なるだろ
所長
お電話ですよ
―
あっ、はいはい
今、行くから
そんなしょげんな
あたしはすごいと思うよ
このロボット
まったく父さんったら…
大人げないというか
何というか…
うっ、うっ…
前は絵を
直された
……
泣くな!
男だろっ!!
くやしいと思うなら
いつか見返して
やりなさいよ
何でもいいじゃん!
父さんよりスゴイもん
つくってやってさ

はははっ!!
そうか、そうか 友ちゃんの家を 建ててやりたいか
いやー建ちゃんも 大人になったもんだな 昔は友ちゃんの後に くっついてピーピー 泣いてたのにな
やめてくれよ 熊井のおっちゃん いつの話だよ
そりゃーお前 こっちは建ちゃんが オムツはいてる頃から 知ってんだからな
熊井工務店　社長 熊井三郎
まあ、しかし拓郎の野郎 相変わらず厳しいというか 融通がきかないというか…
ははっ
あいつが納得するような 図面を描くのなんか 大変だぜ
うちの施工にも 文句ばっかつけやがる からな
そうなんだ 昨日も必死で描いた図面を 持ってったら…
お前はPS《ピーエス》（パイプスペース）の 必要寸法も知らんのかっ!!
カ!!

まぁ、あいつらしい言い方だな
でも、その話聞いてちょうどよかったよ
これから行く家はリフォームで給排水管を施工しているところだからまぁ、勉強がてら見て帰るといいよ
おう、どうだい政《まさ》さん
お、熊井の社長これはなかなか面倒くさいねぇ
この下の排水管で水漏《も》れ起こしてるらしいんだけどね
配管を埋め殺ししてるんで、別のルートでつなぎ直さんとダメですわ
え…埋め殺しって…何かこわいんですけど
何がダメなんですか？
ん？この兄ちゃんは？
ああ、菅谷《すがや》んとこの息子さんだよ
どーも
あー、あの偏屈設計屋の息子かい！
ああ、埋め殺しね中に入って見るかい？

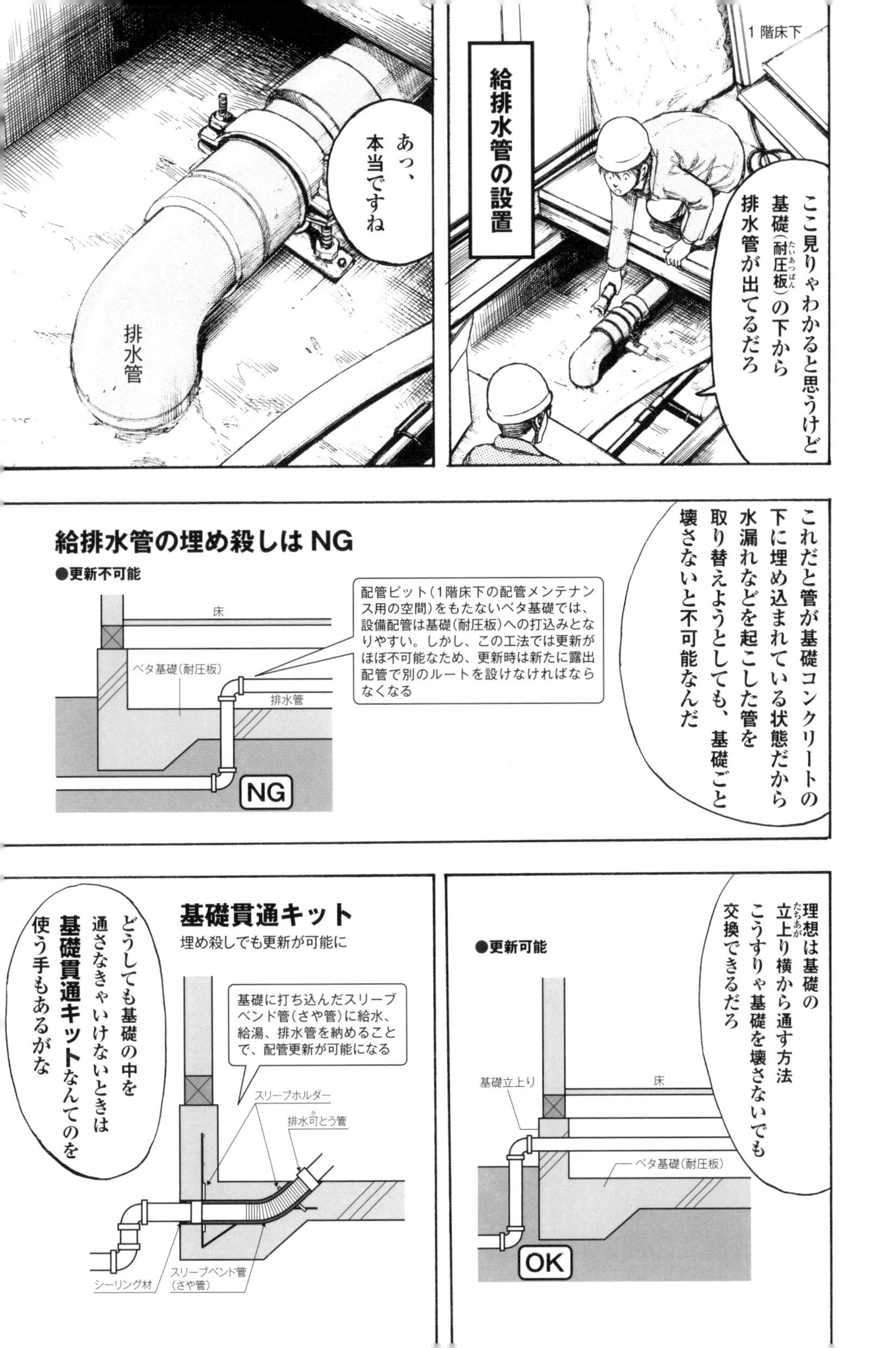
1階床下
給排水管の設置
ここ見りゃわかると思うけど基礎（耐圧板《たいあつばん》）の下から排水管が出てるだろ
あっ、本当ですね
排水管
これだと管が基礎コンクリートの下に埋め込まれている状態だから水漏れなどを起こした管を取り替えようとしても、基礎ごと壊さないと不可能なんだ
給排水管の埋め殺しはNG
●更新不可能
配管ピット（1階床下の配管メンテナンス用の空間）をもたないベタ基礎では、設備配管は基礎（耐圧板）への打込みとなりやすい。しかし、この工法では更新がほぼ不可能なため、更新時は新たに露出配管で別のルートを設けなければならなくなる
床
ベタ基礎（耐圧板）
排水管
NG
理想は基礎の立上《たちあが》り横から通す方法
こうすりゃ基礎を壊さないでも交換できるだろ
●更新可能
基礎立上り
床
ベタ基礎（耐圧板）
OK
どうしても基礎の中を通さなきゃいけないときは基礎貫通キットなんてのを使う手もあるがな
基礎貫通キット
埋め殺しでも更新が可能に
基礎に打ち込んだスリーブベンド管（さや管）に給水、給湯、排水管を納めることで、配管更新が可能になる
スリーブホルダー
排水可《か》とう管
シーリング材
スリーブベンド管（さや管）

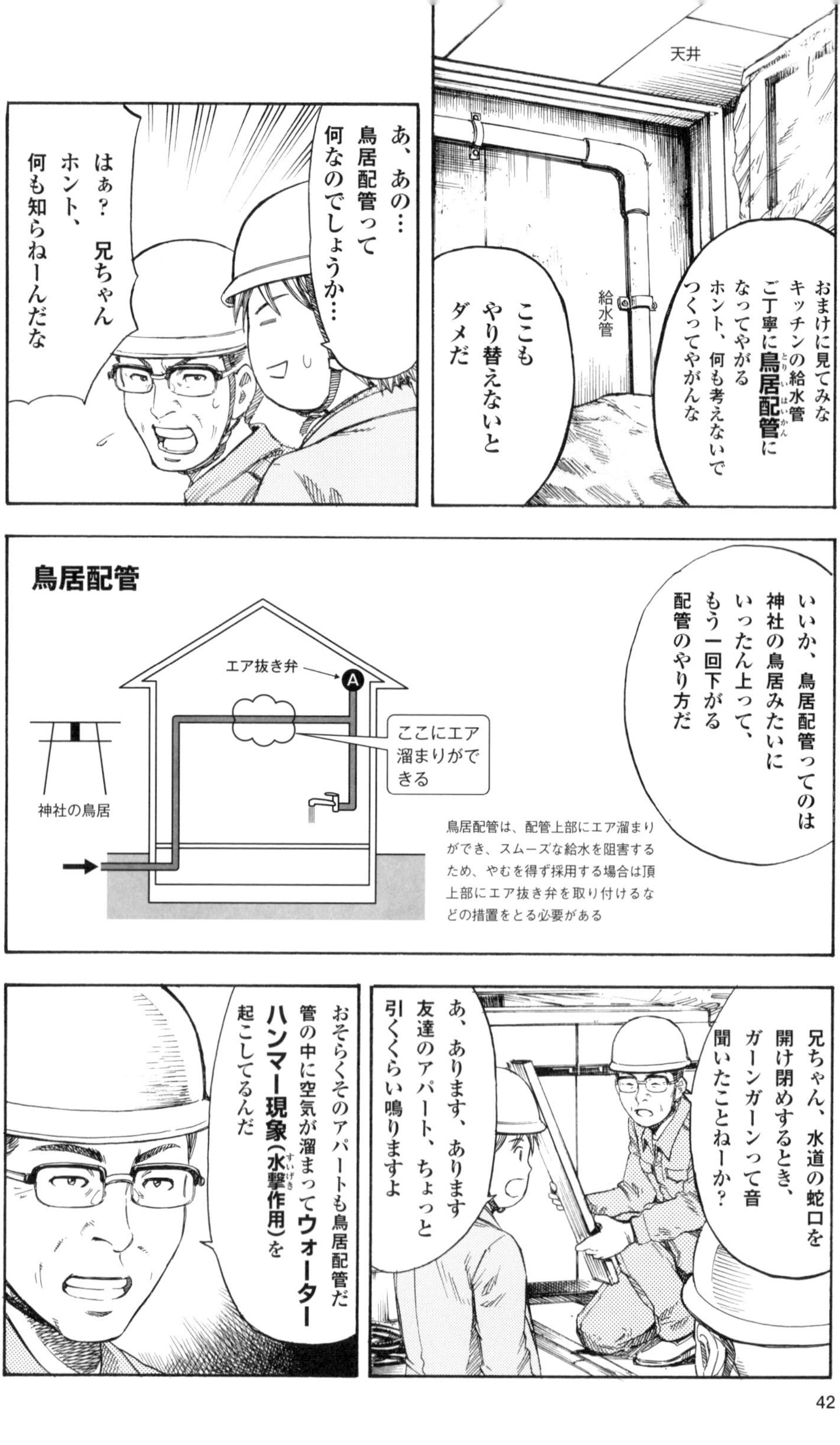
天井
給水管
おまけに見てみな キッチンの給水管 ご丁寧に鳥居配管《とりいはいかん》に なってやがる ホント、何も考えないで つくってやがんな
ここも やり替えないと ダメだ
あ、あの… 鳥居配管って 何なのでしょうか…
はぁ? 兄ちゃん ホント、何も知らねーんだな
いいか、鳥居配管ってのは 神社の鳥居みたいに いったん上って、もう一回下がる 配管のやり方だ
鳥居配管
エア抜き弁
A
ここにエア溜まりができる
神社の鳥居
鳥居配管は、配管上部にエア溜まりができ、スムーズな給水を阻害するため、やむを得ず採用する場合は頂上部にエア抜き弁を取り付けるなどの措置をとる必要がある
兄ちゃん、水道の蛇口を 開け閉めするとき、ガーンガーンって音 聞いたことねーか?
あ、あります、あります 友達のアパート、ちょっと 引くくらい鳴りますよ
おそらくそのアパートも鳥居配管だ 管の中に空気が溜まってウォーター ハンマー現象(水撃《すいげき》作用)を 起こしてるんだ

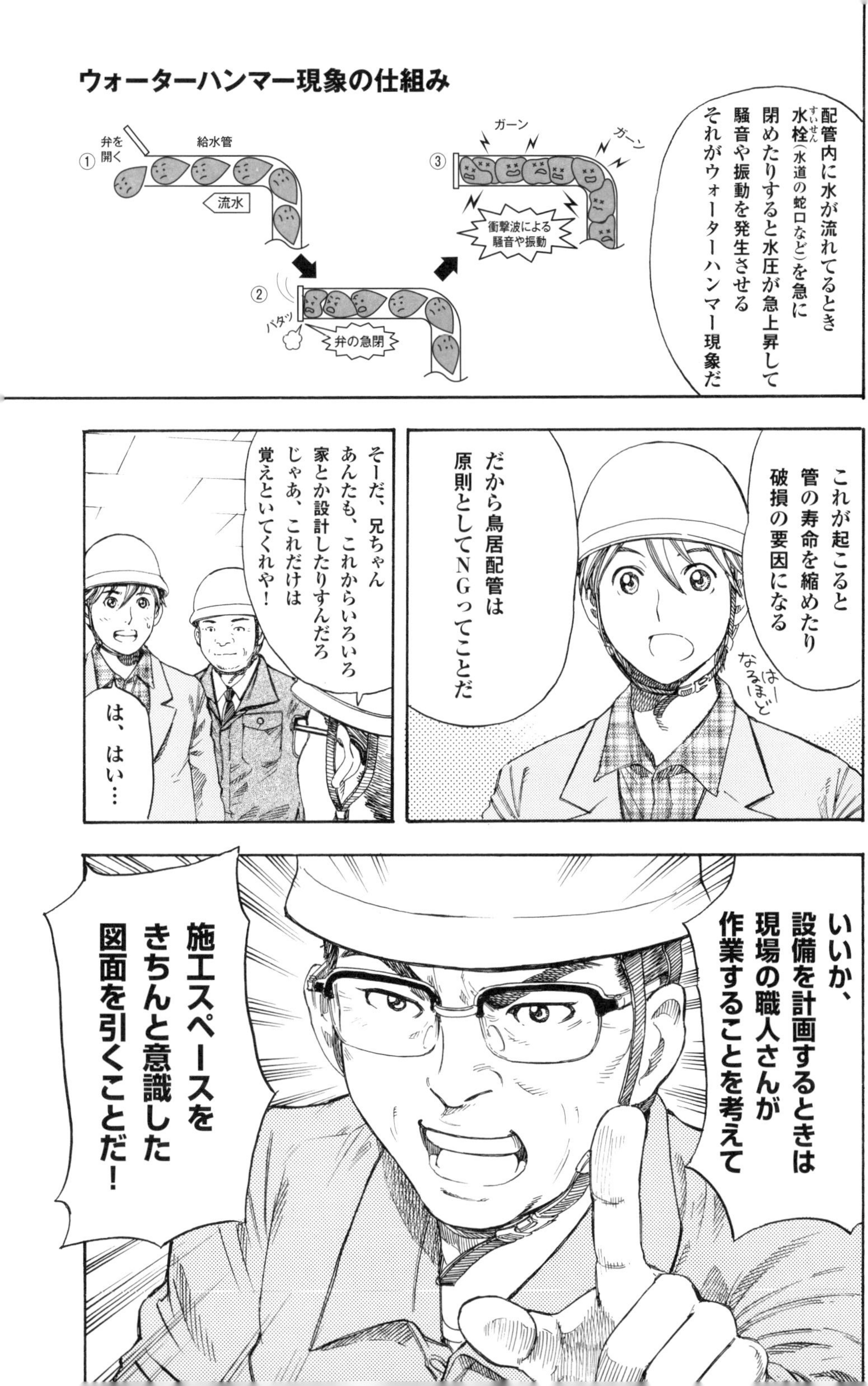
配管内に水が流れてるとき
水栓《すいせん》(水道の蛇口など)を急に
閉めたりすると水圧が急上昇して
騒音や振動を発生させる
それがウォーターハンマー現象だ
ウォーターハンマー現象の仕組み
①
弁を開く
給水管
流水
②
パタッ
弁の急閉
③
ガーン
ガーン
衝撃波による騒音や振動
これが起こると
管の寿命を縮めたり
破損の要因になる
はーなるほど
だから鳥居配管は
原則としてNGってことだ
そーだ、兄ちゃん
あんたも、これからいろいろ
家とか設計したりすんだろ
じゃあ、これだけは
覚えといてくれや！
は、はい…
いいか、
設備を計画するときは
現場の職人さんが
作業することを考えて
施工スペースを
きちんと意識した
図面を引くことだ！

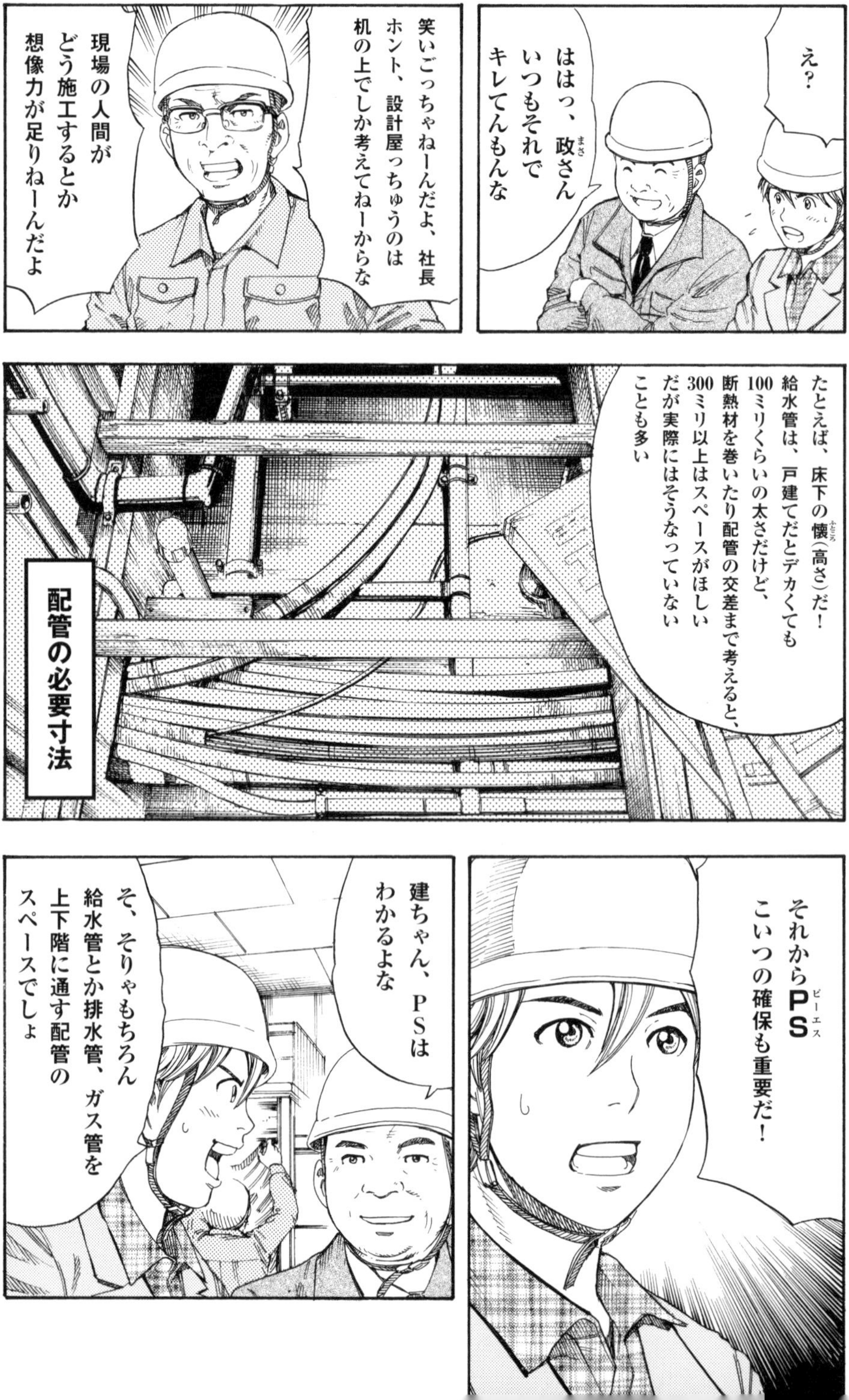
え？
ははっ、政《まさ》さん いつもそれで キレてんもんな
笑いごっちゃねーんだよ、社長 ホント、設計屋っちゅうのは 机の上でしか考えてねーからな
現場の人間が どう施工するとか 想像力が足りねーんだよ
たとえば、床下の懐《ふところ》（高さ）だ！ 給水管は、戸建てだとデカくても 100ミリくらいの太さだけど、 断熱材を巻いたり配管の交差まで考えると、 300ミリ以上はスペースがほしい だが実際にはそうなっていない ことも多い
配管の必要寸法
それからPS《ピーエス》 こいつの確保も重要だ！
建ちゃん、PSは わかるよな
そ、そりゃもちろん 給水管とか排水管、ガス管を 上下階に通す配管の スペースでしょ

ああ、そうだ PSは特に排水管の経路を確保するときとても重要になる
排水管
なんたってぶっとい排水竪管《たてかん》を下まで一直線に通さなきゃいけねーからな
ええ、そうですね 途中で曲げたり上と下の位置がずれたりしちゃいけないんですよね
たしか、…
あったりめーだろ 排水竪管を曲げないと通らないようなPSをつくるバカ、どこにいるんだよ！
排水管曲げて、もし排水が詰まったり、水漏れしたりしたらどーすんだ！
うー……
それに戸建てだと汚水と雑排水を分流させる方式が一般的だから、排水竪管だけで2本いるんだ
給水管
通気管
汚水管
雑排水管
冷媒管
電気配線
ほかにもガス管やら給水管やらを通さないといけないから、このスペースはかなりの広さをとっとかないといけねーんだ
PSは基本的に壁の中に隠してしまうから後からでも作業しやすいようにいろいろ考えてつくらないといけないな
そうそう、なのに設計屋ってのはよ…
はい、このパイプは太さ50ミリだから50ミリのスペース、こっちは30ミリだから30ミリのスペースってパイプの太さしか頭にないヤツも多い

こちとら手つっこんで作業しなきゃなんねーのにそんなギリギリの寸法でどーやって工具を使えってんだよ
配管を取り替えたりメンテナンスするときはどーしろってんだい！壁ごと壊せってのかよ!!

## パイプスペースの必要寸法

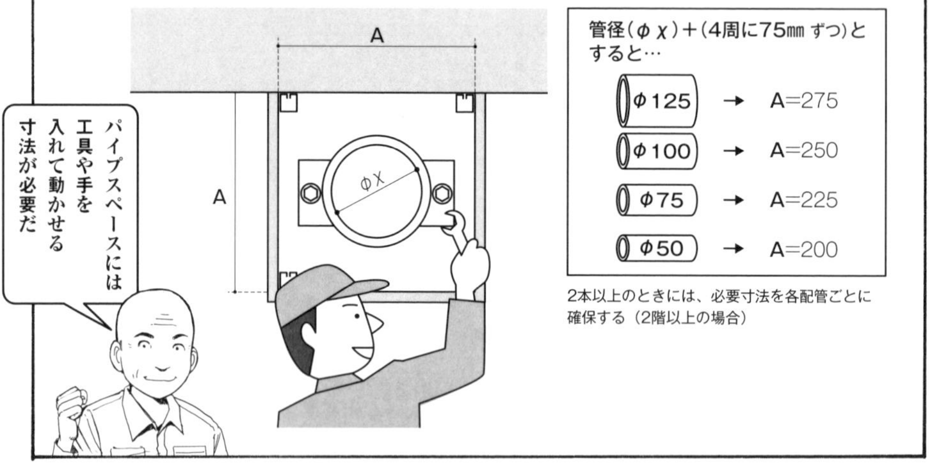
A
A
φχ
パイプスペースには工具や手を入れて動かせる寸法が必要だ
管径（φχ）＋（4周に75㎜ずつ）とすると…
φ125 → A=275
φ100 → A=250
φ75 → A=225
φ50 → A=200
2本以上のときには、必要寸法を各配管ごとに確保する（2階以上の場合）

うわぁ…そんなの全然考えてなかった…
はは…
オレ、ちょうどオヤジにPSのことで怒られたばっかで…

ほう、あの偏屈設計屋がねぇ まぁ、えらくなったもんだ
え？

そういや、思い出すね 若い頃、拓郎と政《まさ》さんがPSのことでなぐり合いになったの
ポカ
てめー、勝手にPSでもないところに配管通してんじゃねーぞ
ポカ
ポカ
てめーがPSちゃんととってねーからこーなるんじゃねーか!!
ポカ
PSの真下に建物の基礎があって、配管の施工できないなんてこともあったな？
へー、オヤジが…
あっ、そうだ、これオヤジにダメ出しされた図面なんですけど見てもらってもいいですか？
ガサッ
オヤジ、具体的なこと何も言わないんで
ほう、勉強熱心じゃねーか
どれどれ
おいおい、何で家のど真ん中にPSがあるんだぁ？しかもムダにすべての水廻りから遠い 1階と2階でPSの位置もずれてるし…
いったいどこのドシロートがこんなテキトーな図面描きやがったんだ？
うわっ…なんかめちゃめちゃ怒ってる
ああっ、間違えたこれ、学生のとき描いた図面でしたー！
すいませーん
…ウソだけど

学生時代のか
じゃあ、まぁ
しょーがねーか
セーフ
で、でも念のために
何が悪いのか教えて
もらっていいですか？
ええ、もちろん
念のためですよ
わかってると
思うけど
PSは一度つくったら
動かせない
特に排水竪管は基本的に
途中で曲げられないから
場所を変えるとなれば
そこにつながってる排水管を
全部やり直さなきゃ
なんねー
リフォームのことまで
考えれば、PSが家の
真ん中にあったり
複数あったりするのは
合理的でない
だから一戸建ての
PSは全体のプラン
から最も適切な位置に、
一カ所にまとめるのが
理想だ
排水の原理を考えれば
PSはできるだけ水廻りの
近くに設けるのが鉄則だな
え？
排水管に
勾配《こうばい》が必要なのは
わかるよな
えーと…
なんとなくは…

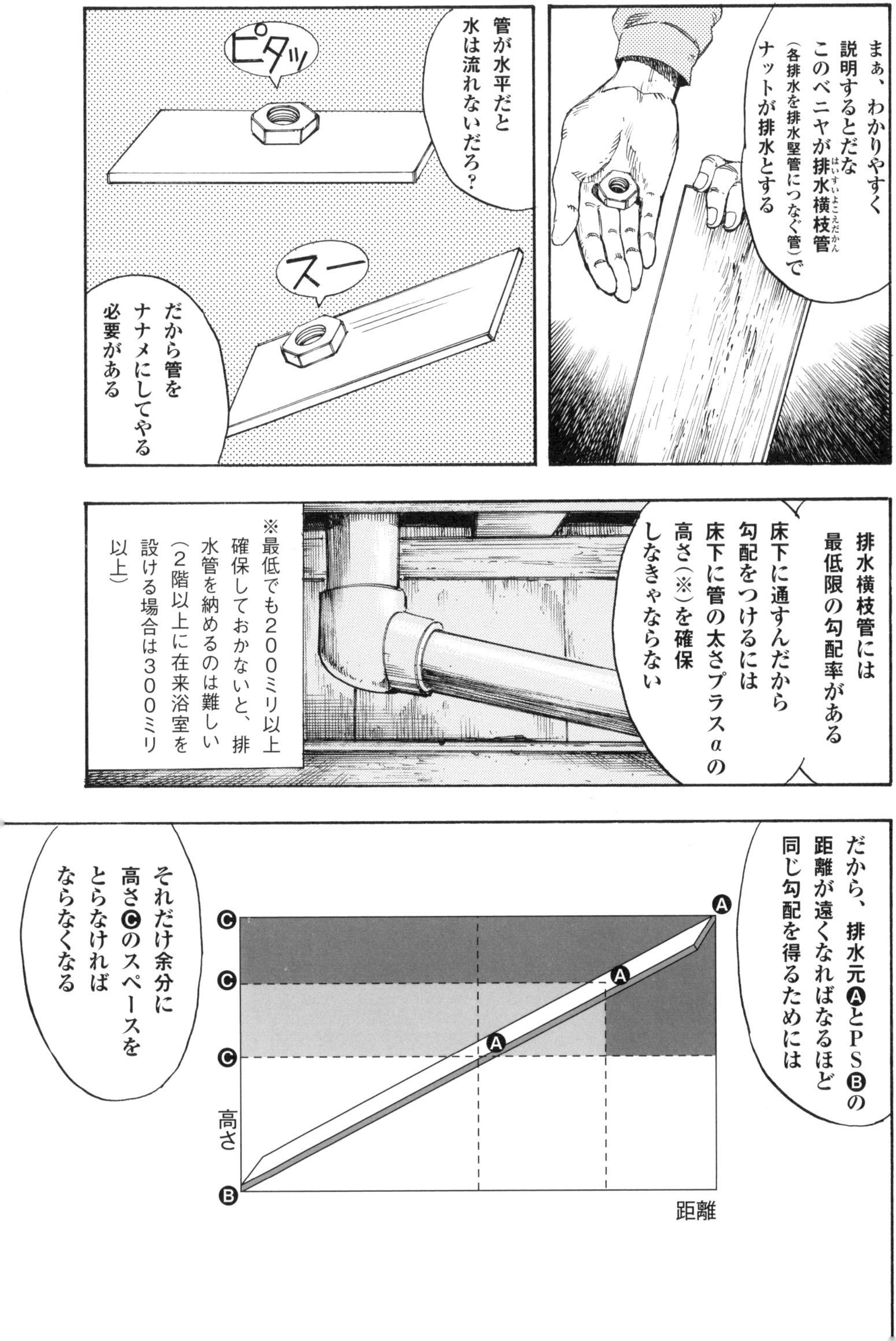
まぁ、わかりやすく説明するとだな
このベニヤが排水横枝管《はいすいよこえだかん》（各排水を排水竪管につなぐ管）で
ナットが排水とする
管が水平だと水は流れないだろ？
ピタッ
スー
だから管をナナメにしてやる必要がある
排水横枝管には最低限の勾配率がある
床下に通すんだから勾配をつけるには床下に管の太さプラスαの高さ（※）を確保しなきゃならない
※最低でも200ミリ以上確保しておかないと、排水管を納めるのは難しい（2階以上に在来浴室を設ける場合は300ミリ以上）
だから、排水元ⒶとPSⒷの距離が遠くなればなるほど同じ勾配を得るためには
それだけ余分に高さⒸのスペースをとらなければならなくなる
Ⓐ
Ⓐ
Ⓐ
Ⓒ
Ⓒ
Ⓒ
高さ
Ⓑ
距離

## 管径《かんけい》と配管《はいかん》の勾配《こうばい》

**排水横枝管の勾配**

| 管径（㎜） | 勾配 |
|---|---|
| 65以下 | 1/50 |
| 75～100 | 1/100 |
| 125 | 1/150 |
| 150以上 | 1/200 |

**●勾配とは**

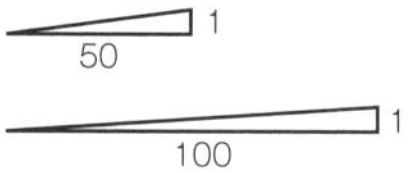
1
50
1
100

1/50の勾配は、1/100に比べて急勾配になる

配管は、適切な勾配をとらないと異物が詰まりやすくなる。小口径の管の場合、より勾配が必要となる

HASS（※）では上表のように規定されていますが、一般には建物内は1／50、建物外は1／100の勾配で施工されます

※　空気調和・衛生工学会規格

床下の高さはなるべく低く抑えたいだろ？
はぁ、なるほど…

## 床下に設ける排水管の必要スペース

| 配管仕様 | | 曲部寸法 R（㎜） | 排水管路（床下）高さの必要寸法 H（㎜） |
|---|---|---|---|
| 名称 | サイズ呼び径 | | |
| 塩ビパイプ（VU） | 50A | 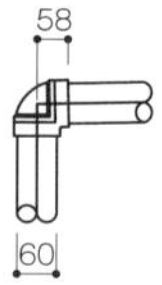 58 60 | 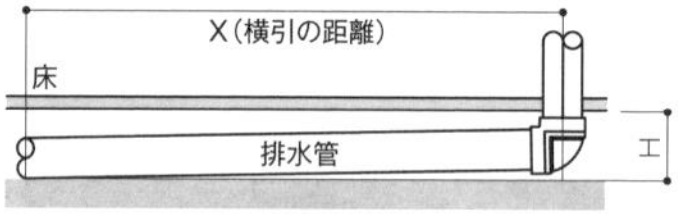 X（横引の距離） 床 排水管 H H=X/50+130（支持金物寸法含む） |
| | 65A | 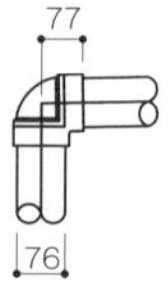 77 76 | 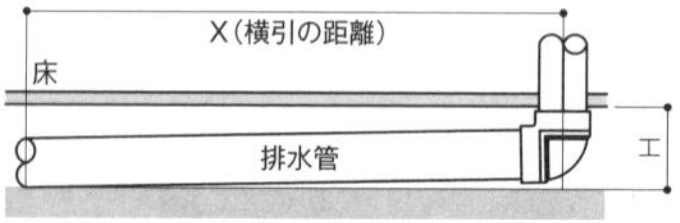 X（横引の距離） 床 排水管 H H=X/50+150（支持金物寸法含む） |
| | 75A | 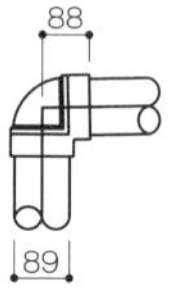 88 89 | 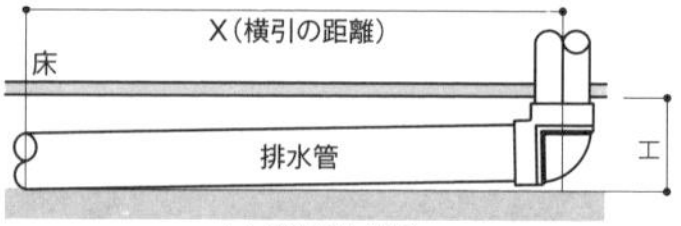 X（横引の距離） 床 排水管 H H=X/50+160（支持金物寸法含む） |
| | 100A | 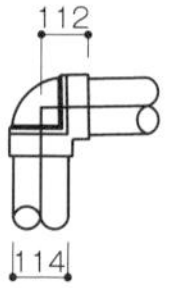 112 114 | 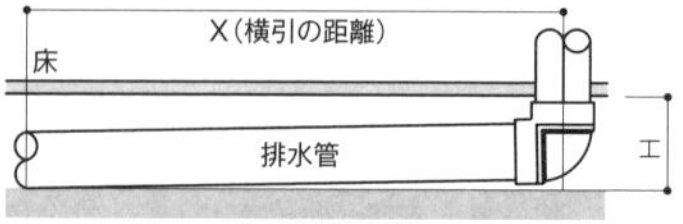 X（横引の距離） 床 排水管 H H=X/50+190（支持金物寸法含む） |

配管どうしの交差や梁との干渉なども考慮し、余裕をもった配管ルートを確保しよう

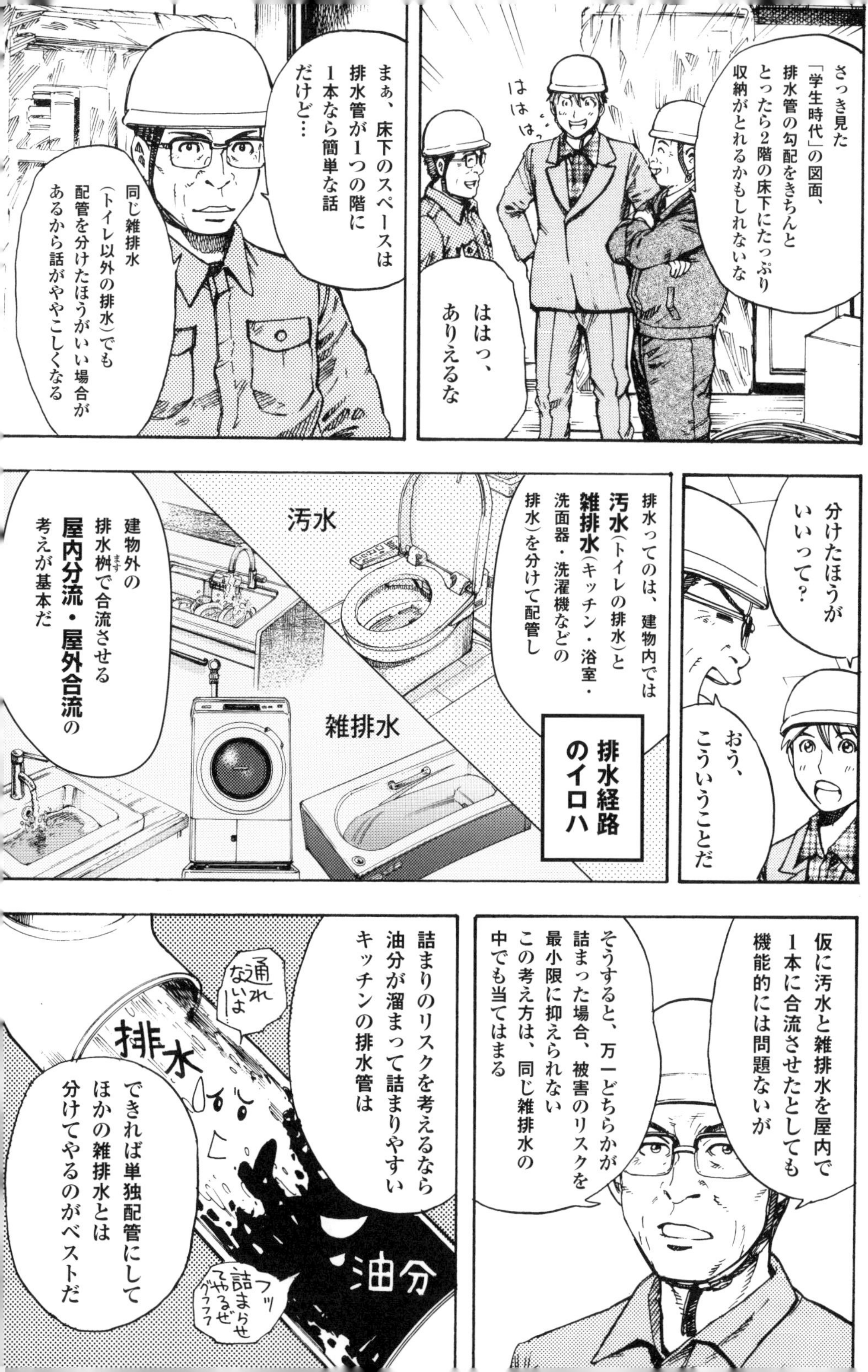
さっき見た「学生時代」の図面、排水管の勾配をきちんととったら2階の床下にたっぷり収納がとれるかもしれないな
ははは
ははっ、ありえるな
まぁ、床下のスペースは排水管が1つの階に1本なら簡単な話だけど…
同じ雑排水（トイレ以外の排水）でも配管を分けたほうがいい場合があるから話がややこしくなる
分けたほうがいいって？
おう、こういうことだ
排水経路のイロハ
排水ってのは、建物内では汚水（トイレの排水）と雑排水（キッチン・浴室・洗面器・洗濯機などの排水）を分けて配管し
汚水
雑排水
建物外の排水桝《ます》で合流させる屋内分流・屋外合流の考えが基本だ
仮に汚水と雑排水を屋内で1本に合流させたとしても機能的には問題ないが
そうすると、万一どちらかが詰まった場合、被害のリスクを最小限に抑えられない この考え方は、同じ雑排水の中でも当てはまる
詰まりのリスクを考えるなら油分が溜まって詰まりやすいキッチンの排水管は
通れないは
排水
できれば単独配管にしてほかの雑排水とは分けてやるのがベストだ
油分
フッ 詰まらせてやるぜ グフフフ

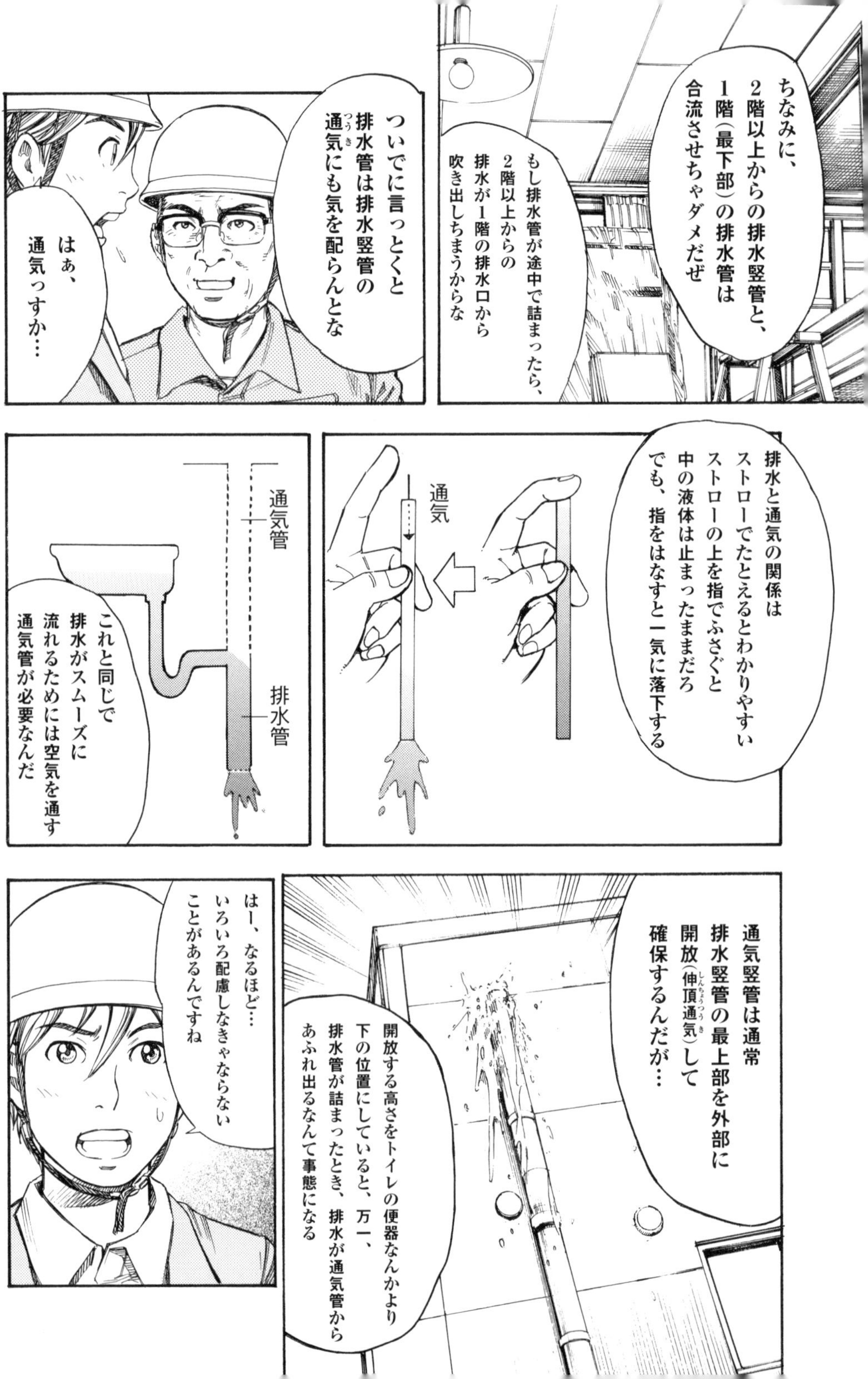
ちなみに、2階以上からの排水竪管と、1階（最下部）の排水管は合流させちゃダメだぜ
もし排水管が途中で詰まったら、2階以上からの排水が1階の排水口から吹き出しちまうからな
ついでに言っとくと排水管は排水竪管の通気《つうき》にも気を配らんとな
はぁ、通気っすか…
排水と通気の関係はストローでたとえるとわかりやすいストローの上を指でふさぐと中の液体は止まったままだろでも、指をはなすと一気に落下する
通気
通気管
排水管
これと同じで排水がスムーズに流れるためには空気を通す通気管が必要なんだ
通気竪管は通常排水竪管の最上部を外部に開放（伸頂通気《しんちょうつうき》）して確保するんだが…
開放する高さをトイレの便器なんかより下の位置にしていると、万一、排水管が詰まったとき、排水が通気管からあふれ出るなんて事態になる
はー、なるほど…いろいろ配慮しなきゃならないことがあるんですね

# 排水管の経路はココに注意！

**●排水・通気系統図**

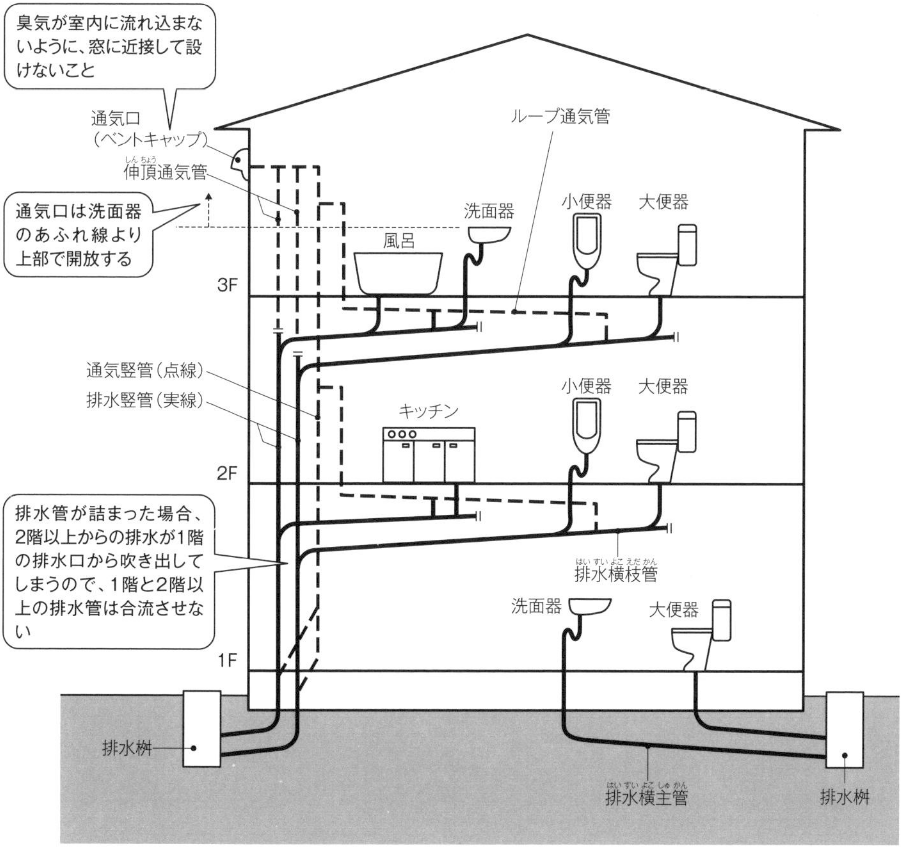
臭気が室内に流れ込まないように、窓に近接して設けないこと
通気口
(ベントキャップ)
伸《しん》頂《ちょう》通気管
ループ通気管
通気口は洗面器のあふれ線より上部で開放する
洗面器
小便器
大便器
風呂
3F
通気竪管(点線)
排水竪管(実線)
小便器
大便器
キッチン
2F
排水管が詰まった場合、2階以上からの排水が1階の排水口から吹き出してしまうので、1階と2階以上の排水管は合流させない
排《はい》水《すい》横《よこ》枝《えだ》管《かん》
洗面器
大便器
1F
排水桝
排《はい》水《すい》横《よこ》主《しゅ》管《かん》
排水桝

住宅の場合、ループ通気管まではとらなくてもよいですが、排水横枝管の口径には余裕をみておきたいですね

そうそう、もう1つ思い出した
排水といえば若いヤツは
浴槽のトラップ桝を設け
忘れることが多い
う…
注意したら
「えー？　何ですか、
それ？」って言うヤツも
いるくらいだ
まぁ、兄ちゃんは
それくらいもちろん
知ってるよな
ハハハハ…
そ、そんなの
当たり前っすよ…

## 1階浴室の排水方法

**●標準的な排水方法**

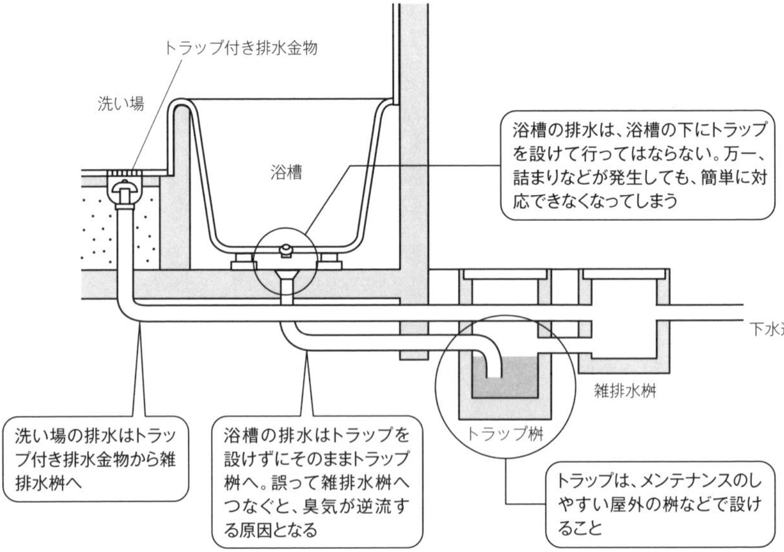
トラップ付き排水金物
洗い場
浴槽
浴槽の排水は、浴槽の下にトラップを設けて行ってはならない。万一、詰まりなどが発生しても、簡単に対応できなくなってしまう
下水道本管へ
雑排水桝
トラップ桝
洗い場の排水はトラップ付き排水金物から雑排水桝へ
浴槽の排水はトラップを設けずにそのままトラップ桝へ。誤って雑排水桝へつなぐと、臭気が逆流する原因となる
トラップは、メンテナンスのしやすい屋外の桝などで設けること

トラップとは、排水経路の途中に
水を溜めておくもので、
臭気や虫の侵入を防ぐ役割を
もっています

あっ、そうだ政《まさ》さん
排水っていえば
オレも忘れてたわ
この家、
雨樋《どい》(雨水管)も
水の流れが悪いんで
どーにかならないかって
言われてたんだわ
ポン

はぁ、どうせ泥とか
葉っぱで詰まってんでしょ
50ミリなんか使ってっから
すぐに詰まるんだよな
あんなとこ、めったに
掃除できねーんだから
初めから65ミリ以上の
雨樋使っとけっての

まぁ、さっきの図面の
家よかはマシかも
しれねーけどな
ははは
バレてた……

## 雨樋(雨水管)の管径

**雨水竪管**

| 管径［㎜］ | 許容最大屋根面積［㎡］ |
|---|---|
| 50 | 67 |
| 65 | 135 |
| 75 | 197 |
| 100 | 425 |

注　許容最大屋根面積は雨量100㎜/hが基準。これ以外の雨量は、表の数値に(100/その地域の最大雨量)を乗じて算出する

でもよ、兄ちゃん
若い設計屋ってのは
みんな見た目がきれいな
家をつくりたがるが

家ってのは、人が
長く住むのを前提で
建てるもんだろ?

ほんとに設備の
メンテナンスや
更新時のことを考えて
図面引いとかねーと
中身が先に
使い物にならなくなったら
元も子もねーからな
遅いぞ、建太
何やってんだ!!
いやぁ
図面直してたら
つい寝坊しちゃって
はぁ…
お前ってヤツは
はー
まぁまぁ、お義父さん
大目に見てあげて
くださいよ
建太くんだって
ボクの家のために
がんばってくれてるん
ですから——

※ 冬季は能力が下がるので注意

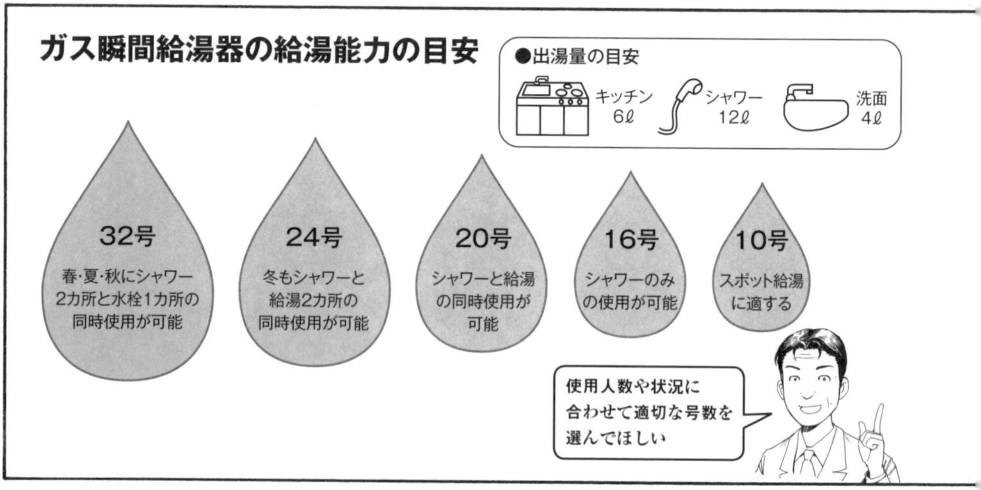

ガス瞬間給湯器の給湯能力の目安
●出湯量の目安
キッチン 6ℓ
シャワー 12ℓ
洗面 4ℓ
32号
春·夏·秋にシャワー2カ所と水栓1カ所の同時使用が可能
24号
冬もシャワーと給湯2カ所の同時使用が可能
20号
シャワーと給湯の同時使用が可能
16号
シャワーのみの使用が可能
10号
スポット給湯に適する
使用人数や状況に合わせて適切な号数を選んでほしい

最近は家の中でお湯を使用する場所が増えているから、号数には余裕をみておきたい
あっ、オヤジ直した図面見てくれよ！
へー、すごいね！何描いてるか全然わかんないけど――
……
ヒョイ
自信
満々
…だめだなこれじゃ
パサッ
はぁ？何でだよPSの位置も床下のスペースの確保も…

お前の計画では
給湯器と給湯個所との
距離が離れすぎだ
どうして離れてちゃ
いけないんだよ
別にお湯が出なくなる
わけじゃねーだろ!!
お前…
お湯の蛇口をひねっても
しばらく水しか
出てこなかった経験は
ないか？
あ、ウチの
マンションそうですよ
キッチンとか、
お湯が出るまでに
1分くらいかかりますね
何か性能
とかの問題
なんですかね？
その原因は、ひとえに
給湯器と給湯個所の
距離にあるんだ
え？
簡単な話だ
距離が遠ければ、お湯が出る
までの待ち時間が長くなり
ストレスを感じるとともに
捨て水も多くなる
非常にムダだ
給湯器
こっちは
お湯出た
よ！
ジャー
こっちは
まだだね
……
特に浴室の給湯時間は大切だ
人間、裸で1分も2分も
待たされたら
どれだけストレスがたまるか、
お前にもわかるだろ
ジャー…
うう…寒い…
いつまでたっても
お湯が出ない…
ガタ
ガタ

## 給湯管の管径・長さと出湯時間の関係

**●給湯管20Aの場合**

| 配管の長さ［m］ | | 5 | 10 | 15 | 20 |
|---|---|---|---|---|---|
| 捨て水量［ℓ］ | | 1.7 | 3.4 | 5.1 | 6.7 |
| 出場までの所要時間 | キッチン［秒］ | 20 | 40 | 60 | 80 |
| | 洗面［秒］ | 17 | 34 | 51 | 67 |
| | シャワー［秒］ | 11 | 21 | 31 | 41 |

**●給湯管15Aの場合**

| 配管の長さ［m］ | | 5 | 10 | 15 | 20 |
|---|---|---|---|---|---|
| 捨て水量［ℓ］ | | 0.9 | 1.7 | 2.5 | 3.4 |
| 出場までの所要時間 | キッチン［秒］ | 11 | 20 | 30 | 40 |
| | 洗面［秒］ | 9 | 17 | 24 | 34 |
| | シャワー［秒］ | 6 | 11 | 15 | 21 |

注1　出場までの所要時間は計算値。実際は配管の冷え・放熱があるため、1.5～2倍程度かかることもある
注2　出場までの所要時間に給湯器自体の着火から立ち上がり時間（約10秒）は含まれていない

資料提供：ノーリツ

私の基準だと まぁ、30秒以内に お湯が出なければ 完全にアウトだな
クレームだよ クレーム
へー、そうなんですね ボク、そういうものなんだと ずっと思ってましたよー

それに、この計画だと 給湯管や給水管に ビニル管を 使うとなっているが、なぜだ？
え…なぜって、そりゃ 前の図面とか見たら たいていビニル管だったから…

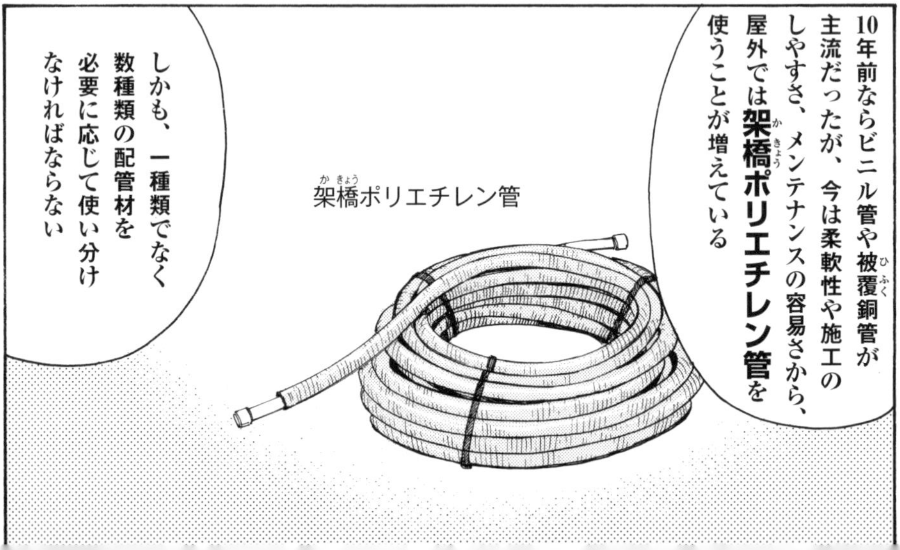
10年前ならビニル管や被覆《ひふく》銅管が主流だったが、今は柔軟性や施工のしやすさ、メンテナンスの容易さから、屋外では架橋《かきょう》ポリエチレン管を使うことが増えている
架橋《かきょう》ポリエチレン管
しかも、一種類でなく 数種類の配管材を 必要に応じて使い分け なければならない

## 配管材の種類と特徴

**給水管**

| 材　料 | 特　徴 |
|---|---|
| 水道用硬質塩化《こうしつえんか》ビニルライニング鋼管《こうかん》 | 配管用炭素鋼鋼管《こうこうかん》(SGP)の黒管または水道用亜鉛メッキ鋼管に、硬質塩化ビニルを腐食防止としてライニングしたもので、5°~60°の範囲で使用できる。管端部のみ腐食のおそれがある |
| 水道用ステンレス鋼管 | ほかの金属管に比べ軽量、耐食性に優れる。高価 |
| 水道用硬質ポリ塩化ビニル管 | 塩化ビニル重合体が主体の非金属管の代表的なもの。塩ビ管と略称される。低価格、耐食性がよく、軽量 |
| 水道用耐衝撃性《たいしょうげきせい》硬質ポリ塩化ビニル管 | 塩化ビニル管より衝撃に強い。コンクリート内配管、屋外配管に用いる |
| 架橋《かきょう》ポリエチレン管 | エチレン主体の重合体のポリエチレン製。塩化ビニル管より軽量、柔軟性があり衝撃に強い。約90℃で軟化するが、−60℃でも脆化《ぜいか》しないため寒冷地で使用される |

**給湯管**

| 材　料 | 特　徴 |
|---|---|
| 配管用銅管《どうかん》 | CPと呼ばれ、銅および銅合金性。引張りに強く、耐食性があり、軽量、安価で加工が容易。水中のカルシウムなど(スケール)が付きにくく、温水配管に適している |
| 配管用ステンレス鋼管 | 耐食性、耐熱性、耐摩耗性に優れるが、高価。リサイクル率がよいため、公共建物で使用されることが多い |
| 耐熱性《たいねつせい》硬質ポリ塩化ビニルライニング鋼管 | 鋼管の内面に耐熱性硬質塩化ビニルをライニングしたもの。耐熱、耐食、強度に優れ、85℃以下の給湯配管として使用される |
| 耐熱性硬質ポリ塩化ビニル管 | HTVPと呼ばれ、耐食性があり、施工が容易。外圧や衝撃に弱く、管内の圧力により供給する湯の温度(90℃以下)に制限がある |
| 架橋《かきょう》ポリエチレン管 | XPN(PEX)と呼ばれ、ポリエチレン製(高耐熱性樹脂)で、最高使用温度95℃で耐熱性があり、耐寒、耐食、耐久性に優れ、スケールも付着しにくい |

お前のように人の図面にそう描いてあったなどという理由で真似しているようじゃダメなんだよ
……
へー、そんなことまで考えて、家ってつくるんですね
いやー大変なんですねー
まぁな……
政
おい、てめー、いつまでも一つ覚えでビニル管とか書いてんじゃねーよ!!
最近じゃ、現場で施工しやすい架橋ポリエチレン管てのがあんの知らねーのかよ、てめー!!
?
いやなこと思い出しちまったぜ……

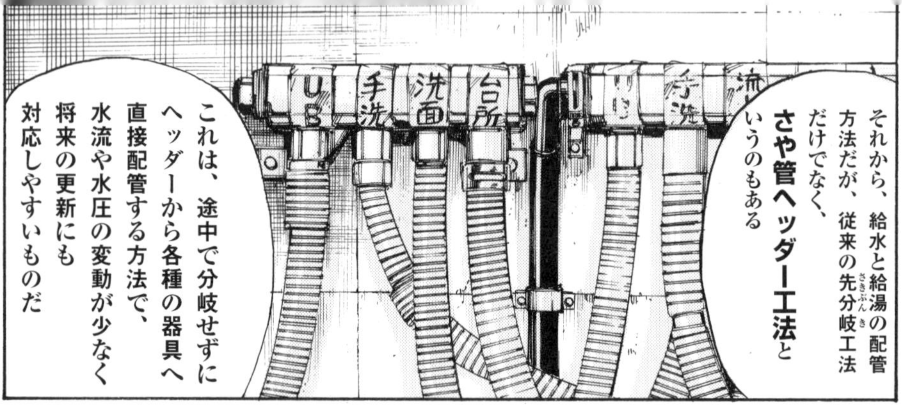
それから、給水と給湯の配管方法だが、従来の先分岐《さきぶんき》工法だけでなく、**さや管ヘッダー工法**というのもある
UB
手洗
洗面
台所
これは、途中で分岐せずにヘッダーから各種の器具へ直接配管する方法で、水流や水圧の変動が少なく将来の更新にも対応しやすいものだ

## さや管ヘッダー工法の仕組み

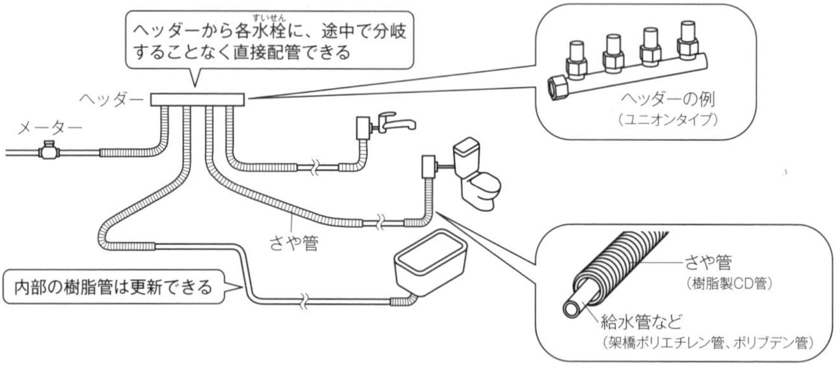
ヘッダーから各水栓《すいせん》に、途中で分岐することなく直接配管できる
ヘッダー
メーター
ヘッダーの例
（ユニオンタイプ）
さや管
内部の樹脂管は更新できる
さや管
（樹脂製CD管）
給水管など
（架橋ポリエチレン管、ポリブデン管）

建太、私はお前に住む人間のことを本当に考えた図面が描ければ友子の家の設計を認めると言った
スッ
だが、こんな配慮の欠けた図面を描いているようでは到底無理だな

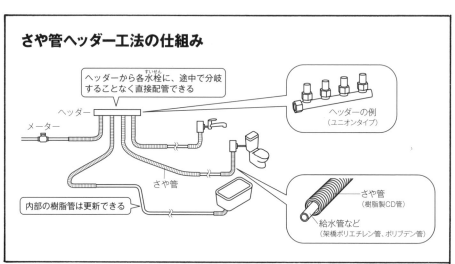

――元気出してよ 建太くん
…なんか、すみません やっぱ、オレなんかじゃ オヤジの期待してるもん つくるのムリっすよね…
ははっ…
……
ボクさぁ はじめ、お義父さんが 設計やってくれるって聞いて、 めっちゃラッキーって思ったんだ だって、あんなベテランが 身内価格でいいって 言うんだからさ
でもさぁ、友子がね どうしてもキミにやらせて あげてくれって言うんだよ 約束だからって
内心、おいおいっ 冗談じゃないぞって 思ったよ
でも今、施主《せしゅ》のボクからの 注文はこれだけ ほかの誰かの期待とかは とりあえず置いといてさ
今は友子の期待だけに 応えてあげて くれないかな
え…

三郎、この前はウチのが世話になったな
何を水くせーな …にしても、がんばってんじゃねーか、建ちゃん
もうちょっとやさしく見守ってやってもいいんじゃねーか？
…わからないんだよ…
え？
かみさんが早くにいなくなって小さい頃から建太のことは友子にまかせっきりだった
今になってあいつとどう接すればいいのか…
きっと何かがダメなんだろうと思う…けど、それが何なのかわからないんだ…
きゃあああ!!
バシャ
バシャ
おいっ、この炊事場水圧が強ぇーから気をつけろって言っただろ

パカッ
え？あの…
チュッ
チュッ
しょうがないな…こういうところで水量が調節できるってことなぜ知らないのか…
そういうことを教えない業者が悪いのかもしれんが…自分たちの店でしょ
くどくどくどくど
ちょっとは自分たちで調べたりとかすべきじゃないですか？ 水の無駄遣い防止にもなるし…
はぁ…なんか、すんません…
…あんたのダメなところ、そういうとこなんだと思うぜ
ハア…
ん？
あー、くそオヤジ!! やってやろーじゃねーかよ！
えーと、給湯管の距離、材料の変更に…
カチ
カチ

友子の期待だけに応えてやってくれないかな…
カタ
カタ
カタ
カタ
えーい、これでどーだ!!
カチッ
しゃー、とりあえず給排水衛生設備図完成!!
イーン
ガガガ
ガ
うん…がんばんなきゃな…

# 在来工法浴室の排水方式

## ●2階以上に設ける在来工法浴室での排水設備の納まり

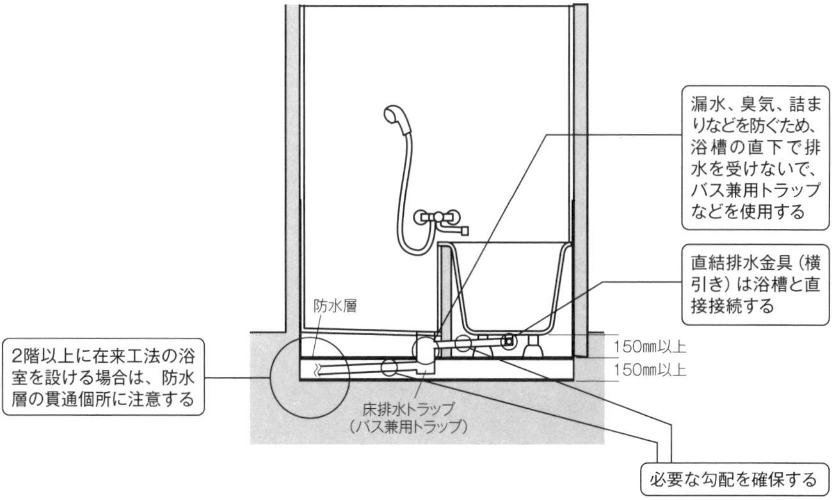
漏水、臭気、詰まりなどを防ぐため、浴槽の直下で排水を受けないで、バス兼用トラップなどを使用する
直結排水金具（横引き）は浴槽と直接接続する
防水層
2階以上に在来工法の浴室を設ける場合は、防水層の貫通個所に注意する
150㎜以上
150㎜以上
床排水トラップ
（バス兼用トラップ）
必要な勾配を確保する

2階以上でユニットバスではない在来工法の浴室を設けるときは、特に排水方法に注意が必要となる。
在来浴槽の排水は、浴槽下部で間接的に排水個所を設けると、万一長期に渡って排水管の閉塞などが起こっても、状況の確認やメンテナンスができない。漏水などの事故に直結する原因ともなるため、浴槽の排水は必ず配管と直接接続して排水する。2階以上では、浴槽の排水を屋外のトラップ桝まで通すのが難しいため、代わりにバス兼用トラップを用いるとよい。

写真のようなバス兼用トラップを使用すると、これらの問題をスムーズに解決できます

## ●バス兼用トラップ

在来浴室で使用する

### KT7BT（SU）

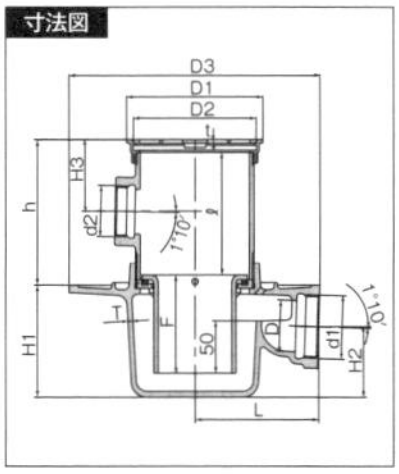
寸法図
D3
D1
D2
H3
h
d2
H1
T
F
50
d1
H2
L

### KT5BT（SU）

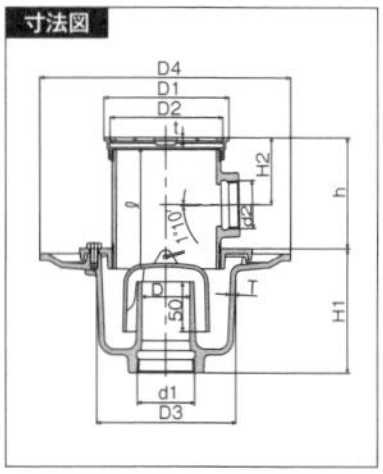
寸法図
D4
D1
D2
H2
h
T
50
H1
d1
D3

| 機種名 | 呼び A×B ℓ | d1 | d2 | D | D1 | D2 | D3 | D4 | F | H1 | H2 | H3 | h | L | T | t |
|---|---|---|---|---|---|---|---|---|---|---|---|---|---|---|---|---|
| KT7BT（SU） | 40×50 165 | 59.614 | 47.803 | 53 | 130 | 117 | 240 | — | 92 | 105 | 66 | 63 | 140~185 | 120 | 5.0 | 3.5 |
| KT5BT（SU） | 40×50 165 | 59.614 | 47.803 | 50 | 130 | 117 | 146 | 260 | — | 125 | 63 | — | 110~170 | — | 5.5 | 3.5 |

写真・資料提供／小島製作所

# 給排水衛生設備図(1F)

雨水浸透施設の設置は、各行政の流出抑制設置基準に準ずる

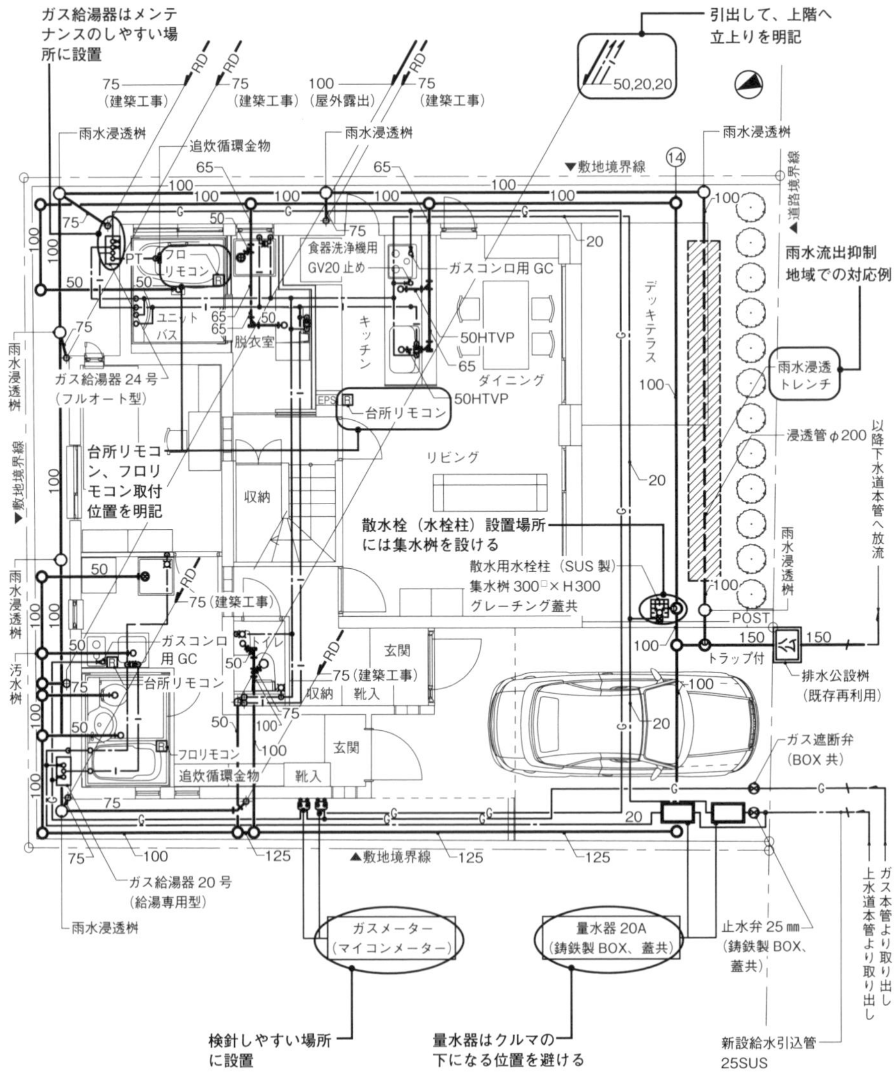

# 給排水衛生設備図（2F）

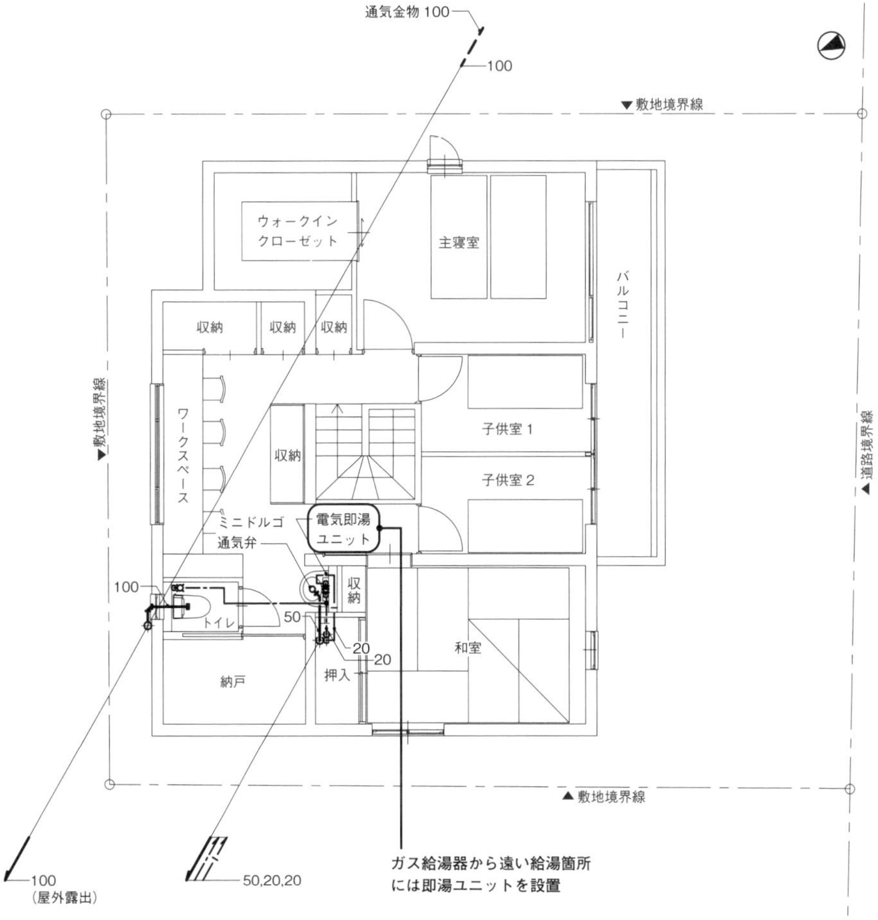


凡例

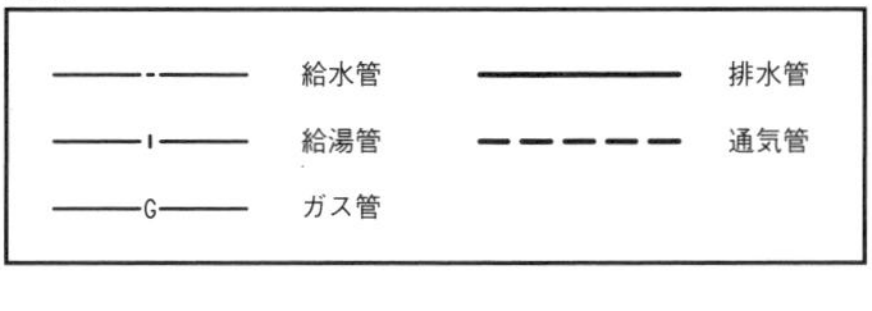

## 第3話　空調換気設備の設計

# デザインと性能の狭間で

ごめんね、父さん
車出させちゃって
ぜんそく、いつもより
アレだったから
ついね…
ああ…
まぁ、大したこと
なければ
それでいい
姉ちゃん
今、優一さんから連絡あって
仕事切り上げてこっちに向かうって
メチャメチャあせってた
ふ～ん
つかえん
まったく、こんなときに
肝のすわってない男だな
まぁ、こっちもまだ仕事が
終わってないんだ、帰るぞ
よく言うぜ
姉ちゃんから連絡
あったとき…
な…なに
ナナミが!!
あまりにも
バタついてたから
オレが運転しなきゃ
なんなかったんだから

ところで、室内の空気の入れ換えはちゃんとやってるのか？
空気が悪いとぜんそくみたいなものには一番よくないんだからな
うん…父さんのアドバイスどおりにやってるつもりだけど…なかなかね
まぁ、ぜんそくにはほかにもいろいろな原因がありますからね
久しぶり菅谷《すがや》くん

…大島《おおしま》淳《じゅん》子《こ》……
それにしても奇遇よね 同級生のお孫さんを 私が担当するなんて
…ええ そうですね
モジ モジ
何で敬語…
…何だ、あの 雰囲気… きしょくが悪い…
ゴホゴホ
ん？ 風邪ですか？
大島先生って 学校のマドンナだった らしいからね
へー、じゃあ 母さんとも同じ 学校だったんだ
いえね…実は、私も ナナミちゃんと同じなの 医者の不養生ってわけ じゃないけど、 去年、家を建て替えてから ちょっとひどく なっちゃって…
一応、私も医者なんで 化学物質には十分配慮して 材料を選んでもらったん だけど…

それは、もしかしたら換気がきちんとできていないせいかもしれませんな
え？…換気？
でもよ、オヤジ最近の家だったら24時間換気しろって御《お》達《たっ》しが国から出てんだから
換気ができてないってこともねーんじゃねーの？
…大島さん今度、お宅の換気設備を見せてもらっていいでしょうか？
えっ、見てくれるの？ありがたいわ
ちょうどこのバカに換気とは何かってことを教えるいい機会ですから！
えー!!
数日後
ふぇーすごい家ですね…
そうかしら？夫の知り合いの建築家に頼んだんだけど、そこそこ有名な人らしいわよ

換気の計画
給気口《きゅうきこう》も換気扇もついてるし、別に換気に問題なさそうですけど…
ねぇ、そもそも給気口ってどうして必要なのかしら？無駄に風が入ってきてすごく嫌なんだけど…
ああ、あれはですね家の換気にはないとダメなものなんです
そぉ？換気扇があるからいいじゃない
そうですねわかりにくいかもしれませんが、説明すると…
そもそも換気とは汚染物質の排除とともに、脱臭・除塵《じょじん》・排湿・室温調整・ウイルス対策などを各部屋ごとに目的をもって行うことです

換気の方法は自然換気と機械換気に大きく分けられます
自然換気は窓などの開閉によって、室内外の外風圧（風力換気）や温度差（重力換気）で行う最も省エネな手法ですが
空気入れかえたいけど風がまったく吹かないや……
雨も降ってきたし、窓閉めなきゃ……
いかんせん屋外の状況や外風の影響が大きいので、安定した換気効果を求めるのは難しい
一方の機械換気は換気機器を使って強制的に換気を行う手法です
機械換気はちょっとややこしいのですが、給気ファンと排気ファンの使い方によって第1～3種の方式に分かれます
次は3つ
3つ……
…オヤジ、やけにていねいに教えてんじゃねーか…オレんときとは違って…
まず、給気と排気の両方を換気機器で行う第1種換気
給気のみを換気機器で行い、排気は自然排気にする第2種排気

## 機械換気の種類

●正圧《せいあつ》　物体の表面で、圧縮される方向に働く圧力 ⟷ ●負圧《ふあつ》　物体の表面で、吸引される方向に働く圧力

### ●第1種換気

給気→機械給気　排気→機械排気

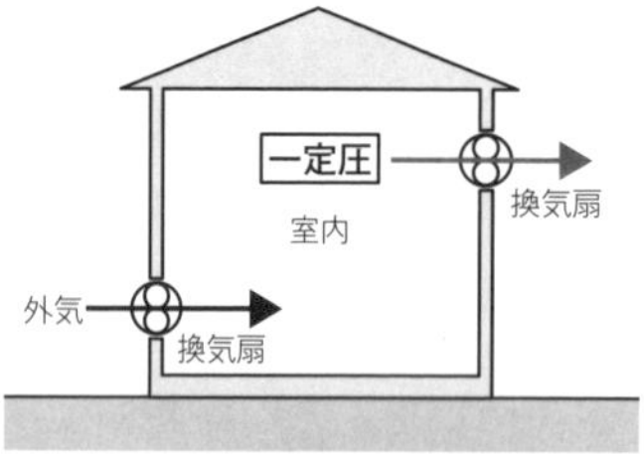


**使用個所**

- 主寝室
- オーディオルーム　など

### ●第2種換気

給気→機械給気　排気…▶自然排気

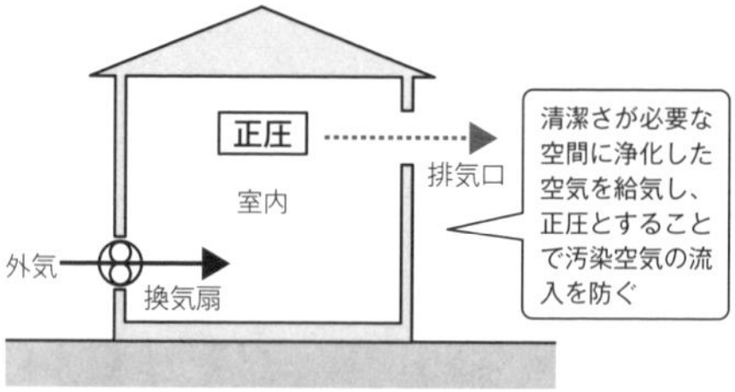


**使用個所**

- ボイラー室　など

### ●第3種換気

給気…▶自然給気　排気→機械排気

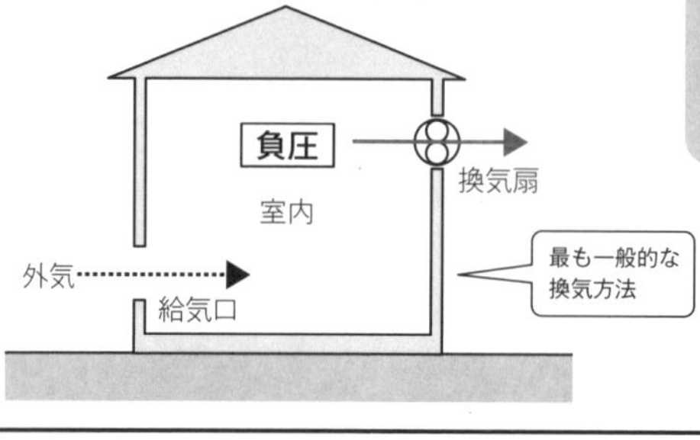


**使用個所**

- トイレ
- キッチン
- 浴室
- 収納・クロゼット　など

換気には、必ず空気の入口と出口が必要。能力の大きい換気扇を設置しても、必要な面積の出入口がない空間では、換気扇の機能が生かされない

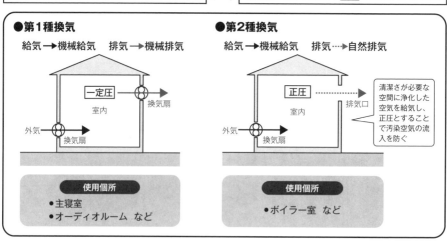

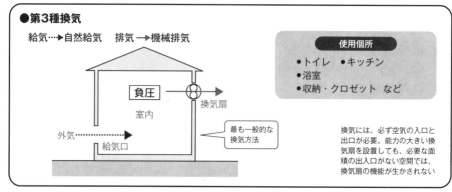

つまり排気には給気が必要でこの2つがセットになってはじめて部屋の中の空気が入れ替わるんです
給気
空気の流れ
排気
空気は取り入れないと排出できない
いくら換気扇を回して排気をしても、もう一方から空気を取り入れてやらないと換気はできないんです
へー、だからあの給気口ってのがあるのね
初めて知った
24時間換気
そもそも最近の家は24時間換気をし続けなければならないと、法令で定められています
え、24時間? そんな法律があるの⁉
建太、なぜだか言ってみろ
え…そ、そりゃシックハウス法があるからだろ
ほう、お前にしてはよく知ってたな
フー…
そ…そんぐらい当たり前だろ!
近年の住宅は国の方針で高気密《こうきみつ》住宅というものが推進されてきました
高気密、すなわち住宅から隙間《すきま》をなくすことで冷暖房の効率を向上させ、省エネを実現し、$CO_2$の排出も削減しようというわけです ただ、ここで1つの弊害が出てきました
それは換気不良の問題です

我々が子供の頃の家なんて どこかしら、隙間風が 通り抜けていたのが 当たり前でしたよね
まぁ そうだったわね
昔の家は、それで 自然に換気が 行われていたのですが
高気密住宅の場合 空気の抜ける場所が ないので、内部の空気が 滞留しやすくなります
そうなると カビやハウスダスト、建材《けんざい》に 含まれるホルムアルデヒドなどの 有害物質が部屋にとどまって、 シックハウス症候群を 引き起こすという問題が 出てきました
ハウスダスト
カビ
ゼー
ゼー
ゴホ
ゴホ、
ダニ
ホルムアルデヒド
その対策として 国は機械換気による24時間換気 システムの設置を義務づけた **シックハウス法** **(改正建築基準法)**を ２００３年に施行したんです
まぁ、要は、 これからつくる家には 換気機器をつけて24時間、 換気扇を回しとかなきゃ ダメだぞという法律を つくったってことですな
そういう ことなんだ

# シックハウス対策の３本柱

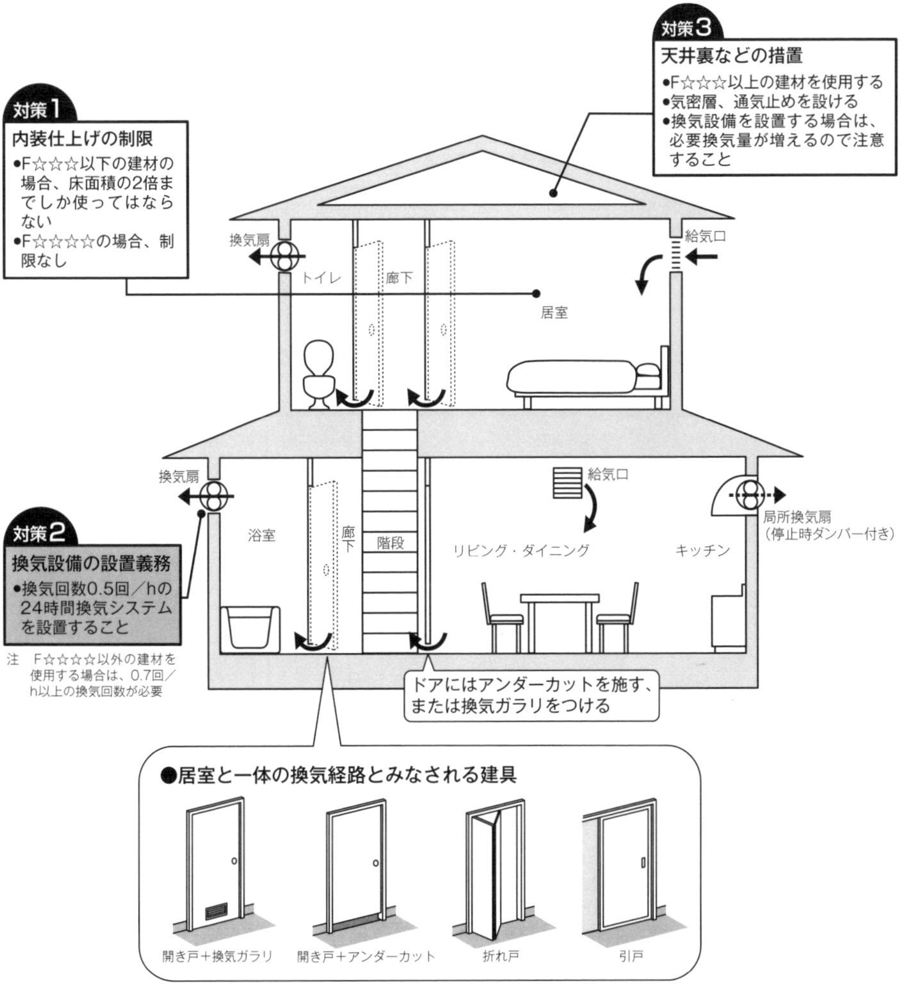

対策3
天井裏などの措置
●F☆☆☆以上の建材を使用する
●気密層、通気止めを設ける
●換気設備を設置する場合は、必要換気量が増えるので注意すること
対策1
内装仕上げの制限
●F☆☆☆以下の建材の場合、床面積の2倍までしか使ってはならない
●F☆☆☆☆の場合、制限なし
換気扇
トイレ
廊下
給気口
居室
換気扇
給気口
局所換気扇
（停止時ダンパー付き）
対策2
換気設備の設置義務
●換気回数0.5回／hの24時間換気システムを設置すること
注　F☆☆☆☆以外の建材を使用する場合は、0.7回／h以上の換気回数が必要
浴室
廊下
階段
リビング・ダイニング
キッチン
ドアにはアンダーカットを施す、または換気ガラリをつける
●居室と一体の換気経路とみなされる建具
開き戸＋換気ガラリ
開き戸＋アンダーカット
折れ戸
引戸

●一般住宅の居室の場合、機械換気設備により原則0.5回/h以上の換気回数を確保しなければなりません。換気回数とは、換気量（$m^3/h$）を居室の容積（$m^3$）で割った値で、1時間に居室全体の空気が外気と入れ替わる回数を表します

●有害物質であるホルムアルデヒドを発散する量の多い建材（F☆☆、F☆☆☆）を使用する場合は、換気回数は原則0.7回/h以上と決められています（ただし、現在使われている建材は、ほとんどF☆☆☆☆や規制対象外のものです）

でもさ…それって よく考えたら おかしな話だよな
だって、いくら高気密化で 冷暖房の効率がよく なったって
換気で外気を常に入れなきゃ ならないんだったら、適温になった室内の空気を捨てて 新しく入れた外気を冷暖房し直さ なきゃならないってことだろ
なるほど… それは そうね…
それに、ずっと換気扇を 回さなきゃいけないって… それで省エネになってん のかな？
ほう、お前にしては いいところに気がついた じゃないか
まぁ、お前の疑問は もっともだと思うが この件については私も、正直、法律でそう決められている からとしか答えようがない
フンッ
何だよ それ!!
たしかに24時間換気システムの おかげで換気効率は向上するが その代償として、高気密のメリットである冷暖房の 効率は低下してしまう
この弱点をカバーする 方法の1つとしては 全熱交換型《ぜんねつこうかんがた》換気 システムがあるな
え？

## 全熱交換型換気の熱交換の仕組み

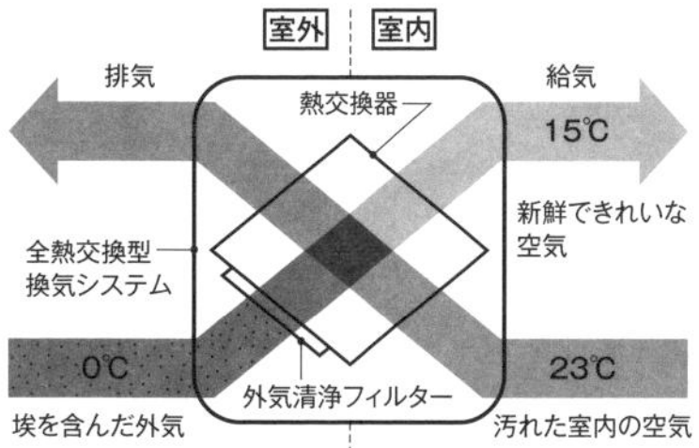
室外
室内
排気
給気
熱交換器
15℃
新鮮できれいな空気
全熱交換型換気システム
0℃
23℃
外気清浄フィルター
埃を含んだ外気
汚れた室内の空気

全熱交換型換気システムは
排気（室内の空気）によって
逃げる熱エネルギーを
回収し、給気（外気）と
熱交換することで
換気による室内温度への
影響を減らすものだ

## 熱交換型換気の空気の流れ

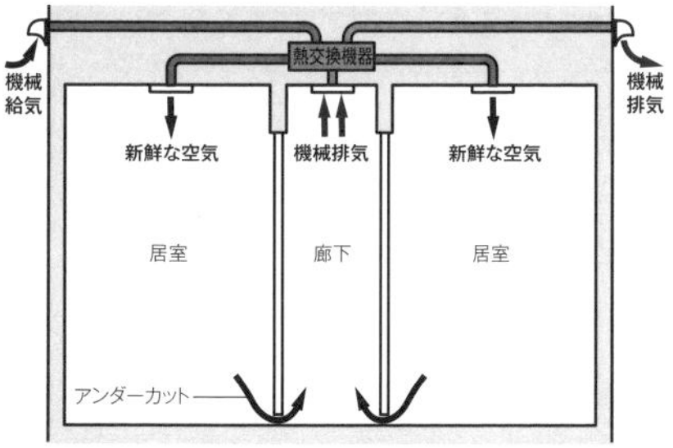
断面図
熱交換機器
機械給気
機械排気
新鮮な空気
機械排気
新鮮な空気
居室
廊下
居室
アンダーカット

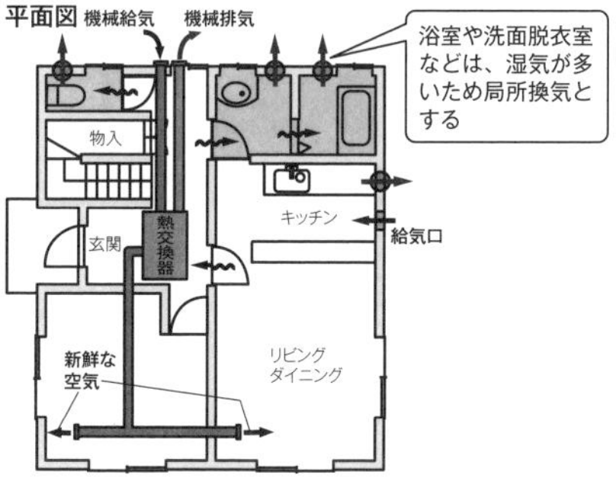
平面図
機械給気
機械排気
浴室や洗面脱衣室などは、湿気が多いため局所換気とする
物入
キッチン
給気口
玄関
熱交換器
新鮮な空気
リビング ダイニング

もともとオフィスや店舗では採用されていたシステムだが24時間換気の導入義務化に合わせて住宅用の機器も各メーカーでラインナップするようになった
ただし、ダクトを用いるシステムなので、大型の換気機器を設置しなければならない設置計画には十分な検討が必要になるな

へー、いろいろ考えるのねー
だとすると…やっぱりこの家ちょっとまずいかも…
え？どうかしたんですか

だって、ほら この部屋の給気口 1コ、家具でふさいじゃったから
この裏
ほかの部屋も たしか、何コか ふさいだ記憶が…
えーっ！
だってね、リビングの ソファでくつろいでたら、ちょうど後頭部に 風がヒューヒュー当たるの
ヒュー
ヒュー
イラ
イラ
イラ
夏は熱風だし 冬は氷みたいな 冷気で、寒くて 寒くて…
あまりにも 腹が立って つい…
それは、実際に住む人間の ことを考えない、頭だけの デザイナーが設計すると 往々にしてあることです
人が長時間過ごす場所で、そんな低い位置に給気口を 設置すること自体、そもそも 間違っているんです

給気口を設ける際、取り付け位置や高さの規定はありません
しかし、人が生活することを考えて、不快に感じない場所や家具などでふさがれる位置に設置しないのは当然です
せっかく換気システムがあっても、ふさがれて機能しなければ元も子もないですからな
なるほど…
高さのことまでまったく考えてなかった…
そうなのよ…この家、建てる前の打ち合わせまではよかったんだけど、実際に住み始めてみるといろいろ使いにくいのよね
たとえば、レンジフードを回しているときなんか扉の隙間からヒューヒューって音がしたり、扉が急にバタンって閉まったり、逆に開けづらかったり…
おかげでドアのガラスにヒビが入っちゃったもの
建太、なぜそんな現象が起こると思う？
え…えーと何だっけ…

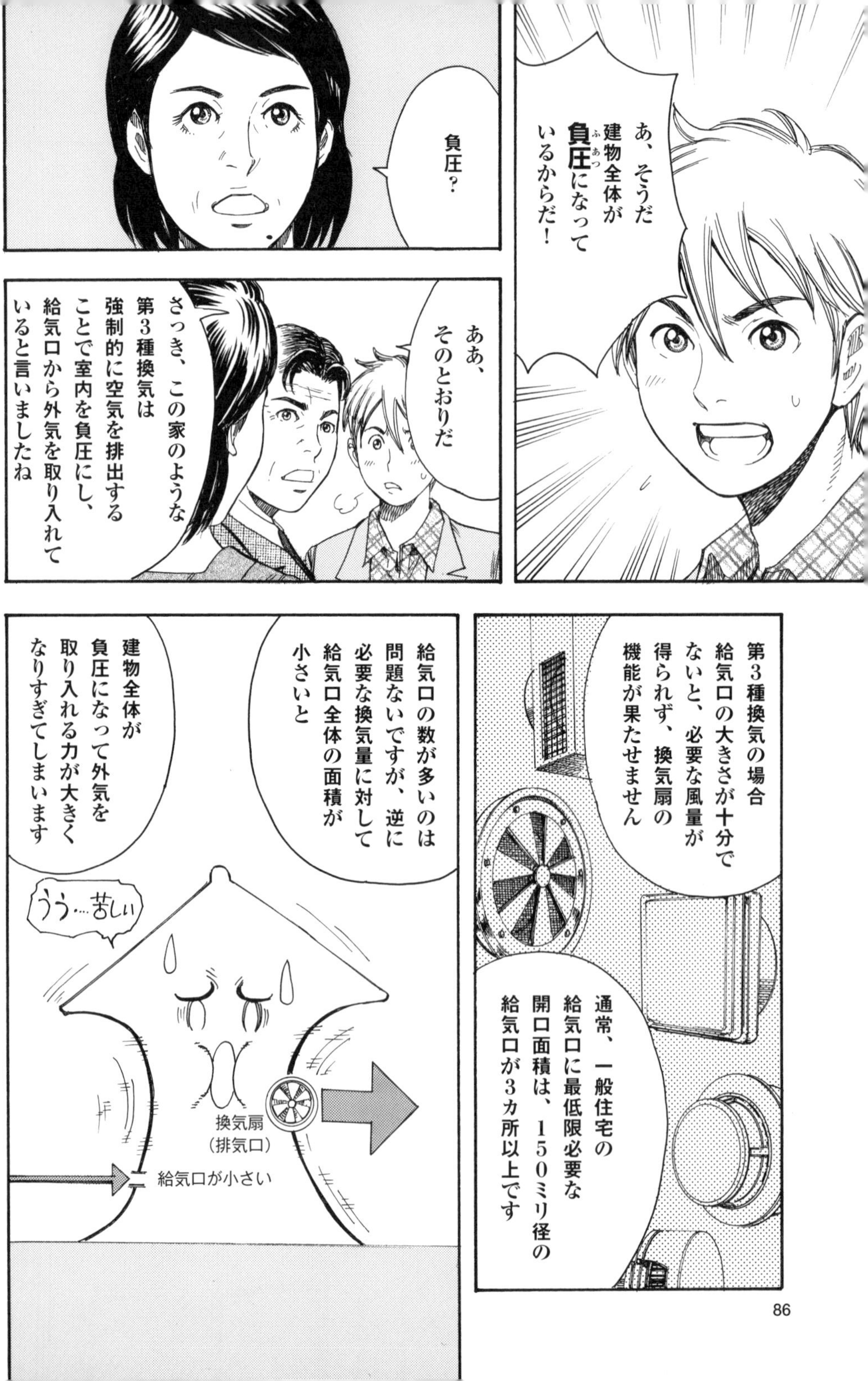
あ、そうだ
建物全体が
負圧《ふあつ》になって
いるからだ！
負圧？
ああ、
そのとおりだ
さっき、この家のような
第3種換気は
強制的に空気を排出する
ことで室内を負圧にし、
給気口から外気を取り入れて
いると言いましたね
第3種換気の場合
給気口の大きさが十分で
ないと、必要な風量が
得られず、換気扇の
機能が果たせません
通常、一般住宅の
給気口に最低限必要な
開口面積は、150ミリ径の
給気口が3カ所以上です
給気口の数が多いのは
問題ないですが、逆に
必要な換気量に対して
給気口全体の面積が
小さいと
建物全体が
負圧になって外気を
取り入れる力が大きく
なりすぎてしまいます
うう…苦しい
換気扇
（排気口）
給気口が小さい

すると、給気口やサッシの隙間を空気が通り抜けるときにヒューと音がしたり、開閉に支障をきたすことがあるんです
ヒュー!..
え?おばけ
!?
第3種換気は、第1種よりシンプルで安価なのはいいのですが、花粉対策などで給気口に目の細かいフィルターをつけると、目詰まりで給気が不十分になります
まめにフィルターを清掃するなど、使う側のメンテナンスや換気に対する理解がないと効果を発揮できません
フィルターの掃除はコマメに!
そうか…給気口をいくつかふさいでいたから、うちではちゃんと換気ができてなかったってことなのね…
ええ、しかしこの部屋の換気計画にはそもそも根本的な問題があります
え?
建太
えっ…またかよ…
えーと…給気口は2つあるし(1つはふさがれたけど)、換気扇はついてるし…
うーん…
換気扇
給気口
家具でふさがれている
給気口
ハッ
まさかっ!給気口と見せかけて実は貴重品隠しになってるとか!?

## 給気口と排気口の位置

全般換気では、給気口と排気口を分散させ、できるだけ遠くに設けて均一に換気する

ショートサーキットとは
わかりやすく言うと
給気口と排気口が近すぎて
その狭い範囲の一角でしか空気が
循環しなくなる現象のことです
これでは部屋全体の換気は
できません

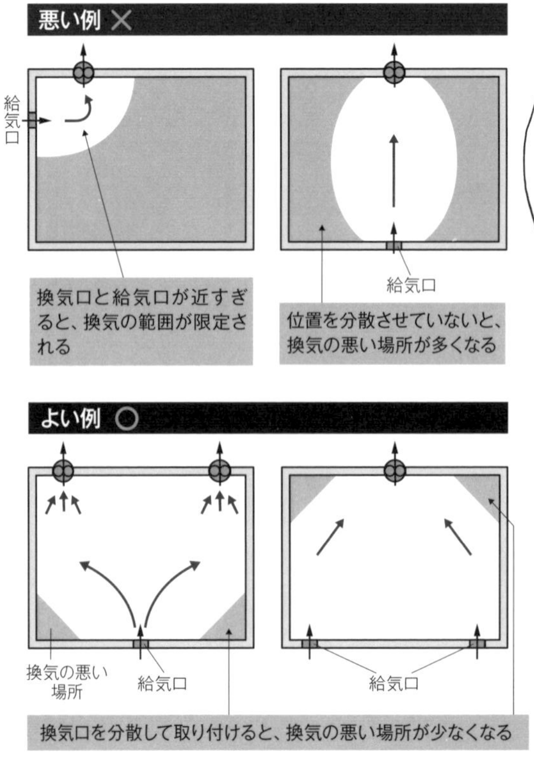


それ以外にも
給気口と排気口を同一線上に
設置するのも、その間だけしか
空気が流れなくなるのでダメです

部屋全体を均一に換気するには
給気口と排気口の位置を分散させ
できるだけ遠くに設けることが
大切なんです

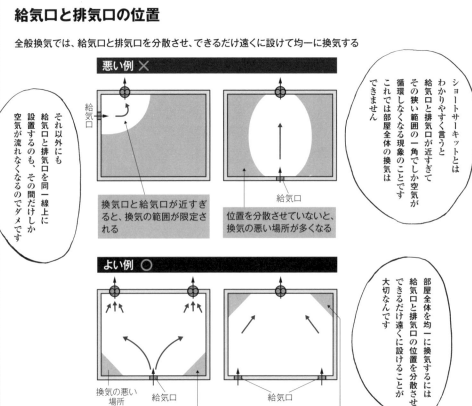

それから、給排気のバランスにも気を配る必要があります
たとえば、トイレや浴室の給気は直接、屋外からではなく、屋内を経由させ、換気ガラリのあるドアなどを使用して行うと、
汚れた空気が室内に流入するのを防ぐことができます
また、換気経路を検討するときは経路を複雑にせず
風上・風下をできるだけ単純明快にする
それが換気を考えるときの基本です

## 換気経路（局所換気と全般換気を兼ねる例）

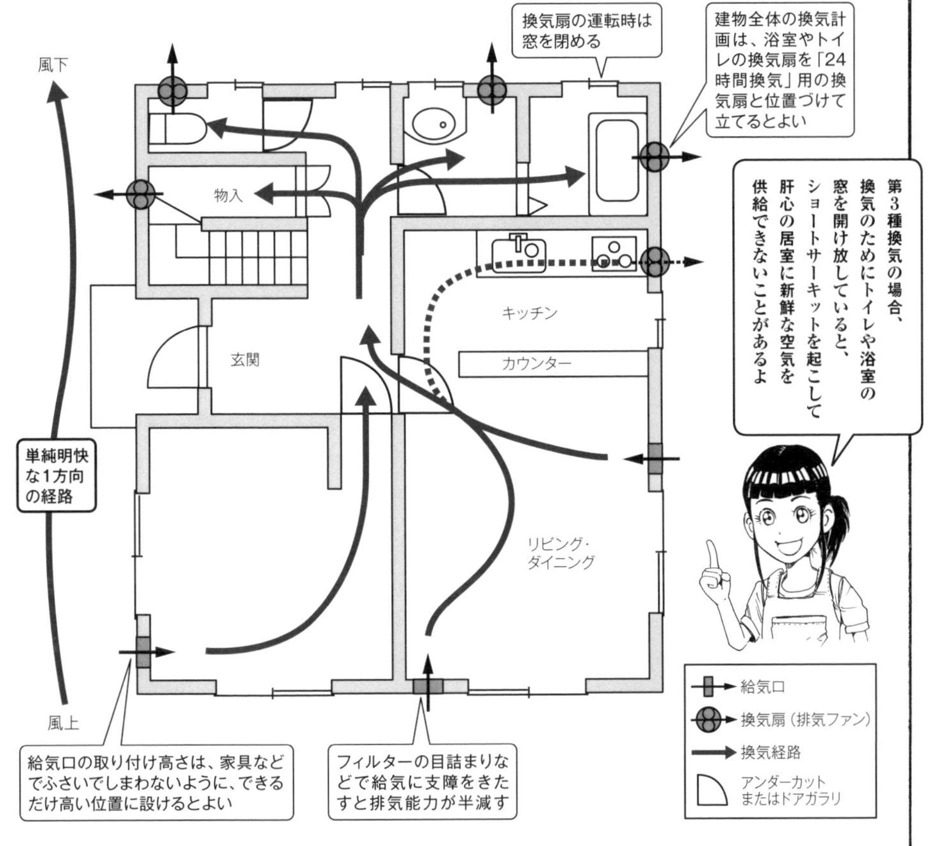

換気扇の運転時は窓を閉める
建物全体の換気計画は、浴室やトイレの換気扇を「24時間換気」用の換気扇と位置づけて立てるとよい
風下
物入
キッチン
玄関
カウンター
リビング・ダイニング
単純明快な1方向の経路
風上
第3種換気の場合、換気のためにトイレや浴室の窓を開け放していると、ショートサーキットを起こして肝心の居室に新鮮な空気を供給できないことがあるよ
給気口
換気扇（排気ファン）
換気経路
アンダーカットまたはドアガラリ
給気口の取り付け高さは、家具などでふさいでしまわないように、できるだけ高い位置に設けるとよい
フィルターの目詰まりなどで給気に支障をきたすと排気能力が半減す

へー、そうなんだ
菅谷《すがや》くん、さすが
プロって感じよね
いやー
うわ…ジジィ
なに照れてんだ…
はって～
まさか、オヤジ
年がいもなく…
相手は
人妻だろ…
いや、考えるの
よそう
マジで気持ち
悪くなってきた…
ゴホゴホッ
ゴホッ…そういう話を聞くと
やっぱり、この家には
シックハウスの影響が
あるのかもね…
家具などからも
化学物質が出る
こともあるし…
何にせよ、体に
悪いのは
事実ですから
私から言わせれば、こんな
換気計画を立てた設計士は
素人以下としか思えませんな
ほう…どなたか
知りませんが
言いたいことを
言ってくれますなぁ

この家は、海外でも受賞歴のある有名なセンセイが設計してくれたんです
それにケチをつけるくらいだから、あなたもさぞかし高名な建築家の方なんでしょうな
ちょ…ちょっと、あなたお客様にそんな言い方、失礼でしょ
失礼なのはどっちだ この家は忙しいセンセイにさんざん頼み込んでやっと設計してもらったんだぞ!! いくらかかったと…
あっ、す…すみません …別に悪気は…
気に障ったのなら申し訳ありません
きっとその建築家はすばらしい方なのでしょう しかし…
エアコンの設置
その方が設計された家のエアコンの化粧ガラリが取り外されているのはどうしてでしょうか？
ほかの部屋も見せていただきましたが、エアコンの化粧ガラリはすべて取り外されていますよね？

え…そ、それは…
あー、そーなのよ あれがあると、実際エアコンが全然効かないのよね
最近はエアコンを壁の中などに隠すデザインをよく見かけます
私にはわかりませんが建て主も建築家もエアコンが見えているのがデザイン的にかっこ悪いと感じるのでしょうな
そのため化粧ガラリなどで前面を覆いたがるようですが設置の仕方を間違えるとエアコンの機能は低下します
ガラリの開口率を70％以上確保することや、仕切板《しきりばん》を利用してショートサーキットを防ぐなどの配慮を怠ると、エアコンの能力は十分に発揮されません
ほとんどの場合化粧ガラリのせいでショートサーキットを起こして冷暖房が正常に作動していないと考えていいでしょう

# エアコンの上手な隠し方

## 壁掛け型

●立断面 （単位：mm）

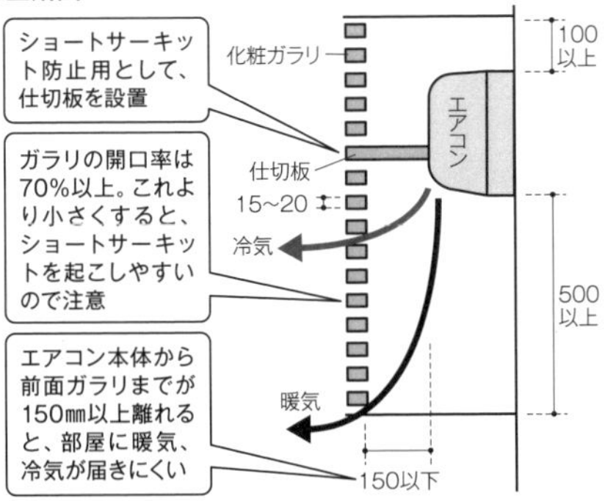

ショートサーキット防止用として、仕切板を設置
ガラリの開口率は70%以上。これより小さくすると、ショートサーキットを起こしやすいので注意
エアコン本体から前面ガラリまでが150mm以上離れると、部屋に暖気、冷気が届きにくい
化粧ガラリ
仕切板
15~20
冷気
暖気
エアコン
100以上
500以上
150以下

●平面 （単位：mm）

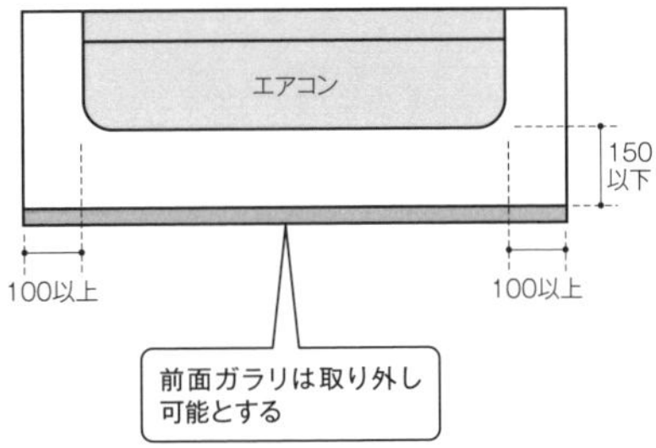

エアコン
150以下
100以上
100以上
前面ガラリは取り外し可能とする

## 床置き型

●立断面

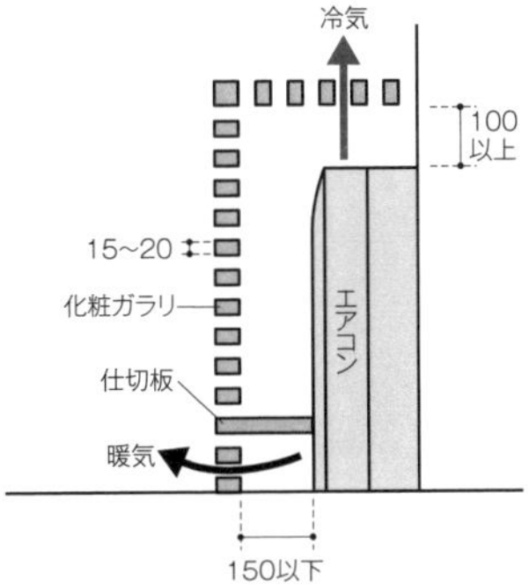

冷気
100以上
15~20
化粧ガラリ
仕切板
暖気
エアコン
150以下

●平面

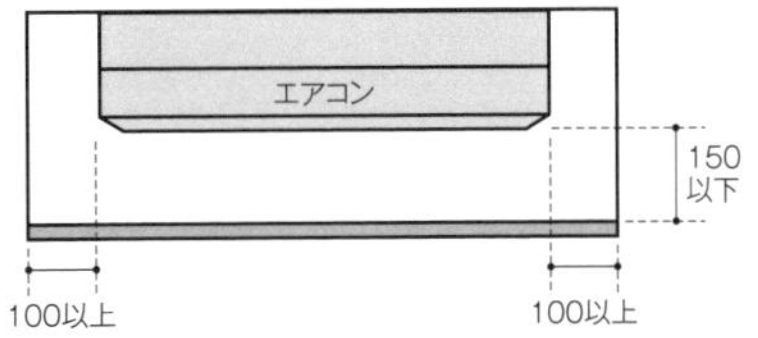

エアコン
150以下
100以上
100以上

## 室外機

●立断面

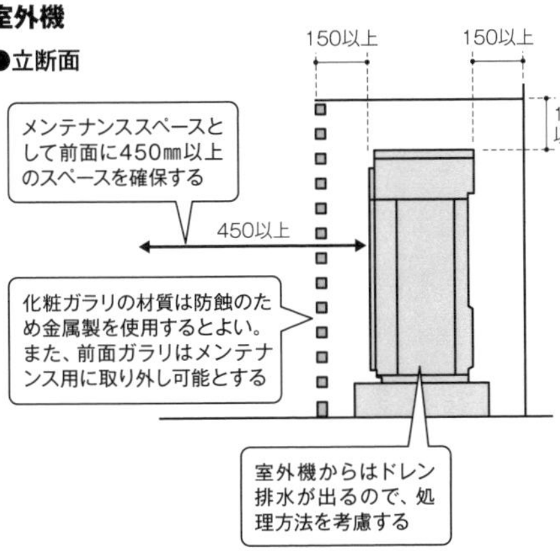

150以上
150以上
150以上
メンテナンススペースとして前面に450mm以上のスペースを確保する
450以上
化粧ガラリの材質は防蝕のため金属製を使用するとよい。また、前面ガラリはメンテナンス用に取り外し可能とする
室外機からはドレン排水が出るので、処理方法を考慮する

●平面

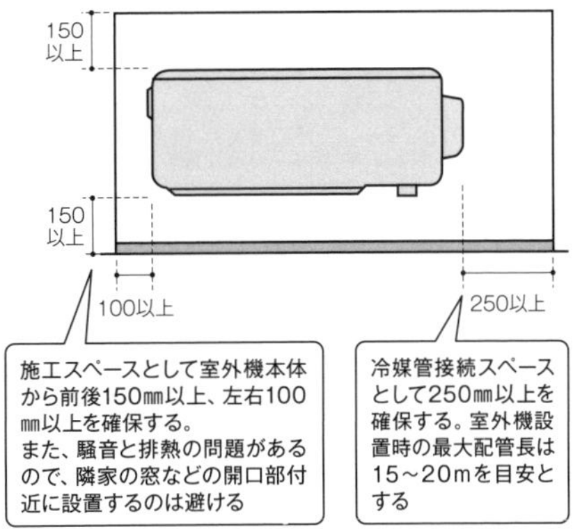

150以上
150以上
100以上
250以上
施工スペースとして室外機本体から前後150mm以上、左右100mm以上を確保する。また、騒音と排熱の問題があるので、隣家の窓などの開口部付近に設置するのは避ける
冷媒管接続スペースとして250mm以上を確保する。室外機設置時の最大配管長は15~20mを目安とする

な…なんだ…それじゃあうちのエアコンの設置方法はダメだって言いたいのか!
そういうことです
まぁ、私の知る限り、デザインを重視した結果エアコンが効かずに結局ガラリを外してしまうなんてよくあることです
うわぁ…意味ねーじゃんそれ…
エアコンに関しては施工後のクレームが意外に多くて
エアコンの下に家具を置いたことで効きが悪くなったり
十分なスペースが必要
室外機置き場も十分検討しておかないと排熱や騒音などがクレームになりやすい近隣住宅の窓の位置なども考慮しなければなりません
風が部屋の隅々まで届く場所を選ぶなど、エアコンの設置というのは案外難しいものなんです
へー
ゴホゴホ
……

つかぬことを
おうかがいしますが
エアコン以外に床暖房や
オイルヒーターなどは
設置されていない
のでしょうか？
え？
あ…ああ、この家は
断熱がしっかりしているから
床暖房なんて必要ない
エアコンで十分だって
センセイがおっしゃったんだ！
…たしかに、そうなんでしょう
しかし、どのような空調設備を
設けるか、打ち合わせのときに
話し合われなかった
のでしょうか？
オヤジ…
は？ だから
センセイが
いらないって
そうですか…
関係ないと思われる
かもしれませんが
少し空調《くうちょう》の話を
させてください
あたふた
うわ…
ヤバイ
ヤバイ
は？
空調？
人が家の中で快適に
過ごせるよう、部屋の空気を
きれいにしたり、室温を
調節したりする
それが空気調和設備
というものです
空調の方式は
対流式・伝導式・放射式の
3種類

## 空調方式の種類

### 対流式

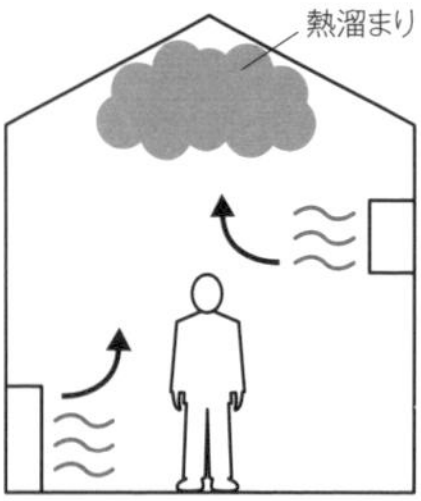
熱溜まり

**特　徴**

エアコンやファンヒーターなど、温風や冷風を直接放出し、強制的に空気の対流を起こすことで室温を調節する

**メリットと注意点**

- ●急速に冷暖房が効く
- ▲暖房は天井付近ばかりが暖まりやすいので、頭がボーッとしたり、逆に床付近の足元に冷えを感じる
- ▲温風や冷風が直接体に当たり、不快に感じることがある

### 伝導式

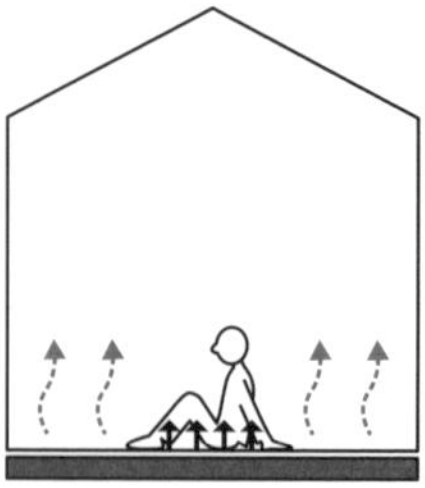

**特　徴**

床暖房などのように、直接熱媒体に接触することで、暖かさを感じられる

### 放射式

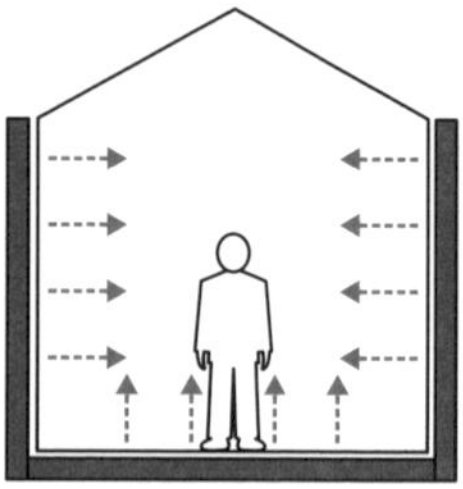

**特　徴**

暖房時は機器・建物からの放射熱により、人体表面からの熱放射量を抑え、暖かさを伝える。温度の低い場所にも熱が伝わり、室内の空気も均一に暖まる

**メリットと注意点**（伝導式・放射式）

- ●温風や冷風が直接体に当たることなく、心地よい暖かさや涼しさが感じられる
- ▲対流式に比べ、部屋全体が暖まるまでの時間が必要

（放射式）

- ▲イニシャルコストがほかの方式より割高

各部屋やエリアごとに
空調機器を設けるのが「個別方式」、
建物全体を1つのシステムで
空調するのが「セントラル方式」だ

## 空調方式と具体的な機器

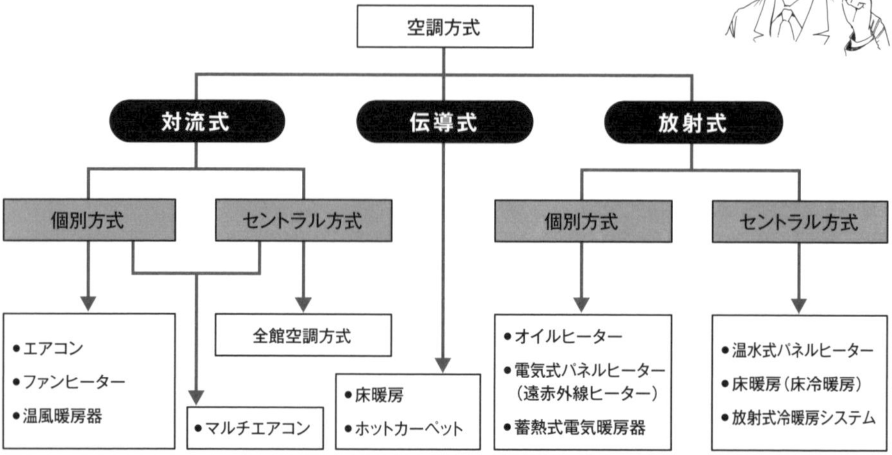
空調方式
対流式
伝導式
放射式
個別方式
セントラル方式
個別方式
セントラル方式
●エアコン
●ファンヒーター
●温風暖房器
全館空調方式
●マルチエアコン
●床暖房
●ホットカーペット
●オイルヒーター
●電気式パネルヒーター（遠赤外線ヒーター）
●蓄熱式電気暖房器
●温水式パネルヒーター
●床暖房（床冷暖房）
●放射式冷暖房システム

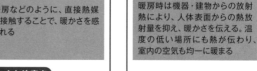

エアコンやファンヒーターなどの対流式は、施工性やコスト面から考えて最も採用されやすい方式ですが…
反面、送風空気によっては室内の埃《ほこり》やアレルギー成分まで一緒に巻き上げてしまうおそれがあります
たしかに、床暖房などの伝導式や放射式は設置費用やランニングコスト、設置環境などがネックになりますが
アレルギーや花粉対策に配慮するなら伝導式、放射式も選択肢に上《のぼ》ってきます
コホッ
何がいいとは一概には言い切れませんが、そこに住む人の体質や冷暖房に対する要望などを考慮して
こういう選択肢もありますよとアドバイスするのも私たちの仕事なんです
……
す、すみませんでした…オヤジが勝手なことばかり…

ちょっとセンセイ！どーゆーことですか(泣)
いいの、いいのすごく参考になったわダンナはすごく不機嫌そうだったけど
でも、変わんないわねあの感じ…私、菅谷くんのそういうところ好きだったな
またまたあんなののどこが…嫌な人間を凝縮したようなヤツですよ
でも、彼あなたのお母さん一筋だったから私なんか見向きもされなかったけどね
え？そんな頃からオヤジたち
彼女、子供の頃の病気で、体が弱かったでしょ
だから、菅谷くんいつも言ってたんだ
彼女が安心して住める家をつくるのがボクの夢なんだって
ホントさーむかつくぐらいやけちゃうわよね
ん？何してるそろそろタクシーが来る時間だぞ

いやーお義父さん それにしても 迷いますよねー
わくわく わくわく
とくに床暖房なんて パンフレット見てるだけで ワクワクしちゃいますよ——
いやー何が いいんですか ねー
ごめんね、あの人 あーいう人だから
わく わく
何がいいんだ ——!!
んーまぁ、何がいいと 言われても、一般的なのは 電気ヒーター式だと 「電熱線式」
「温水循環式」だと 給湯兼用型だが、 ほかにもいろいろな 方式があるから
その家に合った使い方や ランニングコストも 考えて選ばないと いけないものだからな

# 床暖房の方式と特徴

## 電気ヒーター式

熱源
電力

- 通電すると発熱するヒーターパネルで床を暖める
- 熱源機器を別途設置する必要がない
- 施工しやすく、イニシャルコストが割安

### ●電熱線式

電気カーペットなどに使用されている電熱線を発熱体として使用。サーモスタットや温度ヒューズを内蔵したパネルを敷く

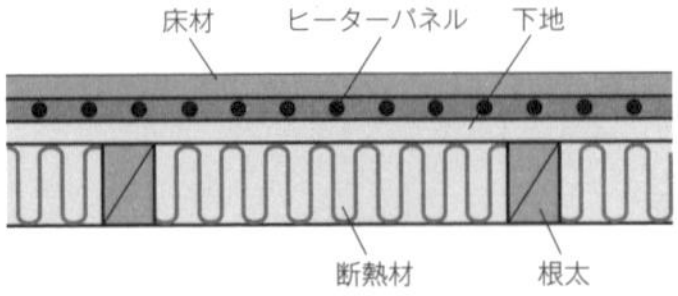
床材
ヒーターパネル
下地
断熱材
根太

### ●PTC[※]ヒーター式

ヒーター自体が周囲の温度によって発熱量をコントロールする。温度が高い部分は電気が流れにくくなるため、部分的な過度の温度上昇を抑える

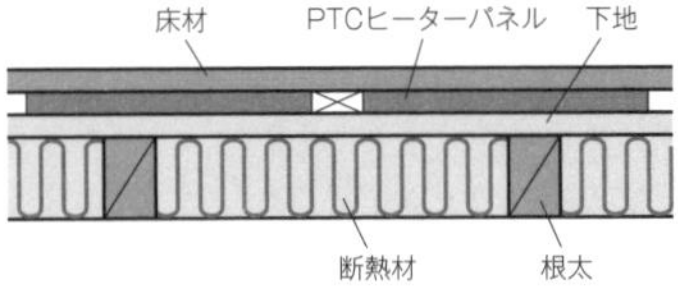
床材
PTCヒーターパネル
下地
断熱材
根太

※ヒーター温度が上がると、電気抵抗値が上昇すること。
Positive Temperature Coefficientの略

### ●蓄熱式

割安な夜間の電気を使ってヒーターを運転し、翌日はその放熱で暖める。温度のコントロールはしにくいが、24時間暖房を低ランニングコストで実現できる

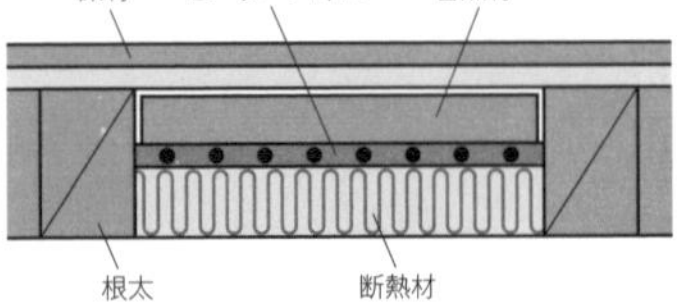
床材
ヒーターパネル
蓄熱材
根太
断熱材

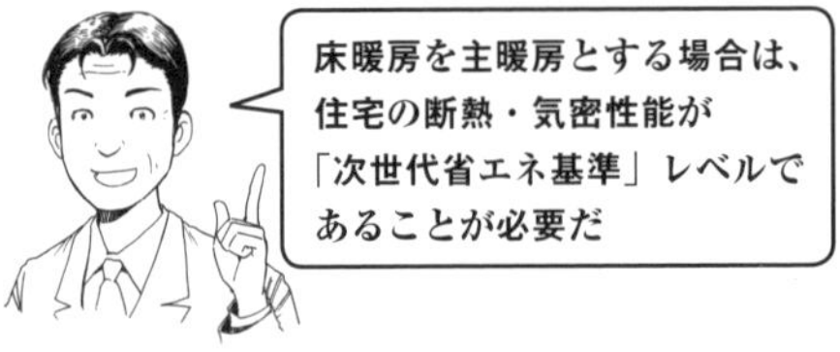
床暖房を主暖房とする場合は、
住宅の断熱・気密性能が
「次世代省エネ基準」レベルで
あることが必要だ

## 温水循環式

◆温水パイプに不凍液を循環させて暖める
◆暖房能力が高く、ランニングコストが比較的安い

熱源
ガス(灯油)

- ボイラーの設置スペースが必要
- ボイラーの交換・メンテナンスが必要

注　灯油の場合は、燃料タンクやパイプの設置も別途必要

### ●暖房専用型

床暖房専用の給湯熱源機を設けて、温水をつくり循環させる。エアコン兼用タイプもある

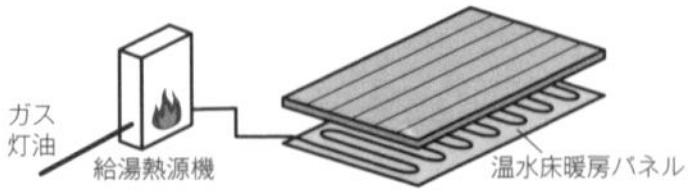
ガス
灯油
給湯熱源機
温水床暖房パネル

### ●給湯兼用型

高効率給湯器で温水をつくり循環させる。給湯兼用の多機能タイプ

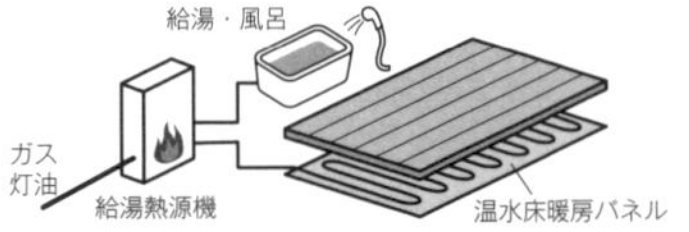
給湯・風呂
ガス
灯油
給湯熱源機
温水床暖房パネル

熱源
電力

- 空気の熱を利用するヒートポンプを利用するため、消費電力が少ない
- 夜間の割安な電気を使うので、ランニングコストを抑えられる

### ●暖房専用型

床暖房専用のヒートポンプユニット(室外機)を設置して、温水をつくり暖める。エアコン兼用タイプもある

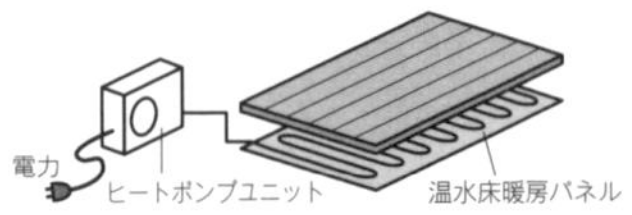
電力
ヒートポンプユニット
温水床暖房パネル

### ●給湯兼用型

エコキュートなどの高効率ヒートポンプ給湯器で温水をつくり、循環させる。給湯兼用の多機能タイプ。割安な夜間の電気を使用する

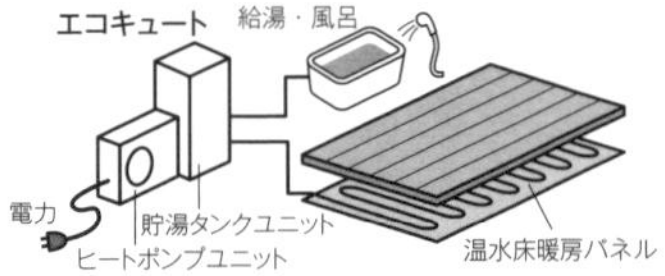
エコキュート
給湯・風呂
電力
貯湯タンクユニット
ヒートポンプユニット
温水床暖房パネル

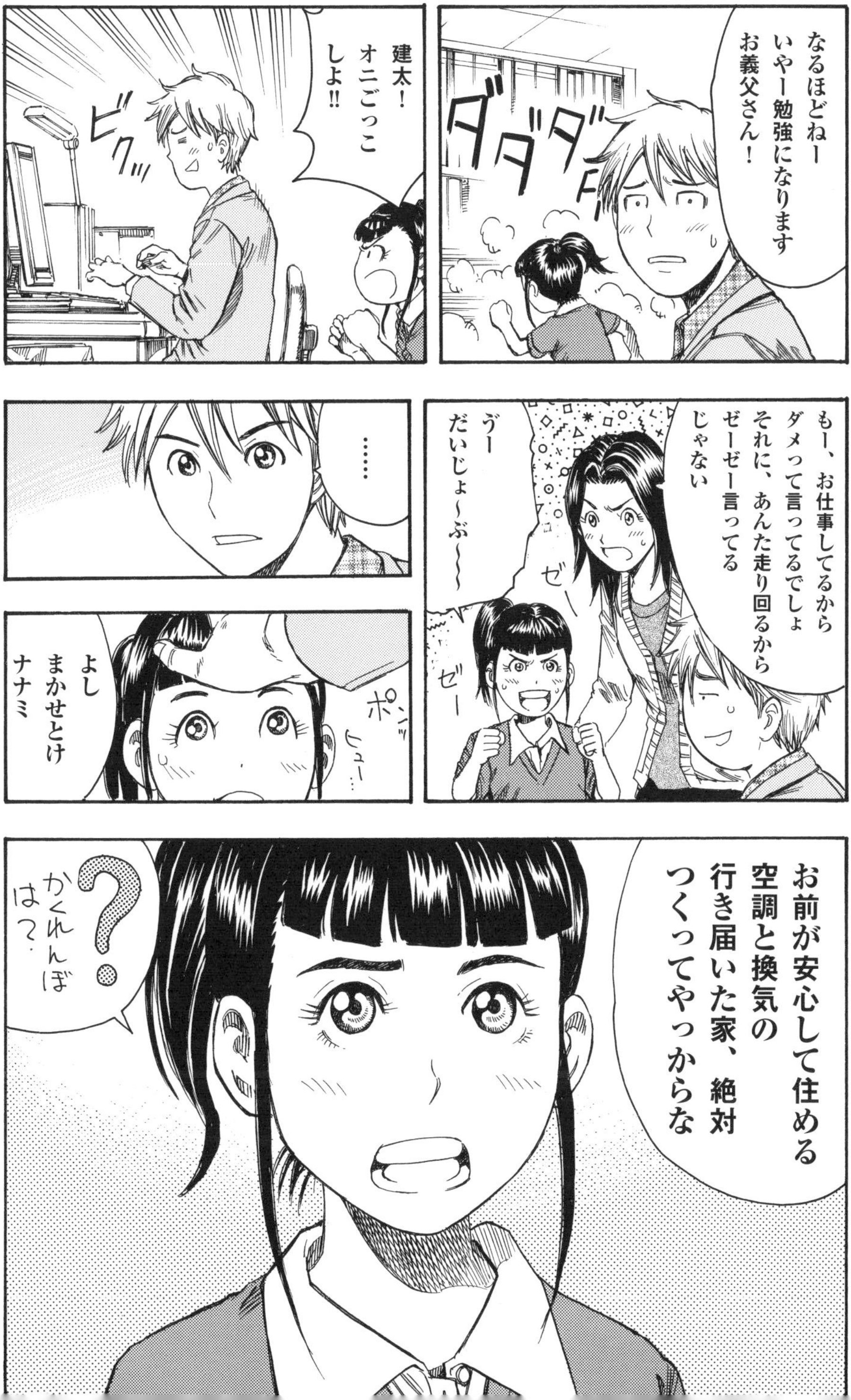
なるほどねー
いやー勉強になります
お義父さん！
ダダダ
建太！
オニごっこ
しよ!!
ビクッ
もー、お仕事してるから
ダメって言ってるでしょ
それに、あんた走り回るから
ゼーゼー言ってる
じゃない
ゼー
ゼー
ゔー
だいじょ～ぶ～～
……
よし
まかせとけ
ナナミ
ポンッ
ヒュー…
お前が安心して住める
空調と換気の
行き届いた家、絶対
つくってやっからな
かくれんぼ
は？

## 空調図(1F)

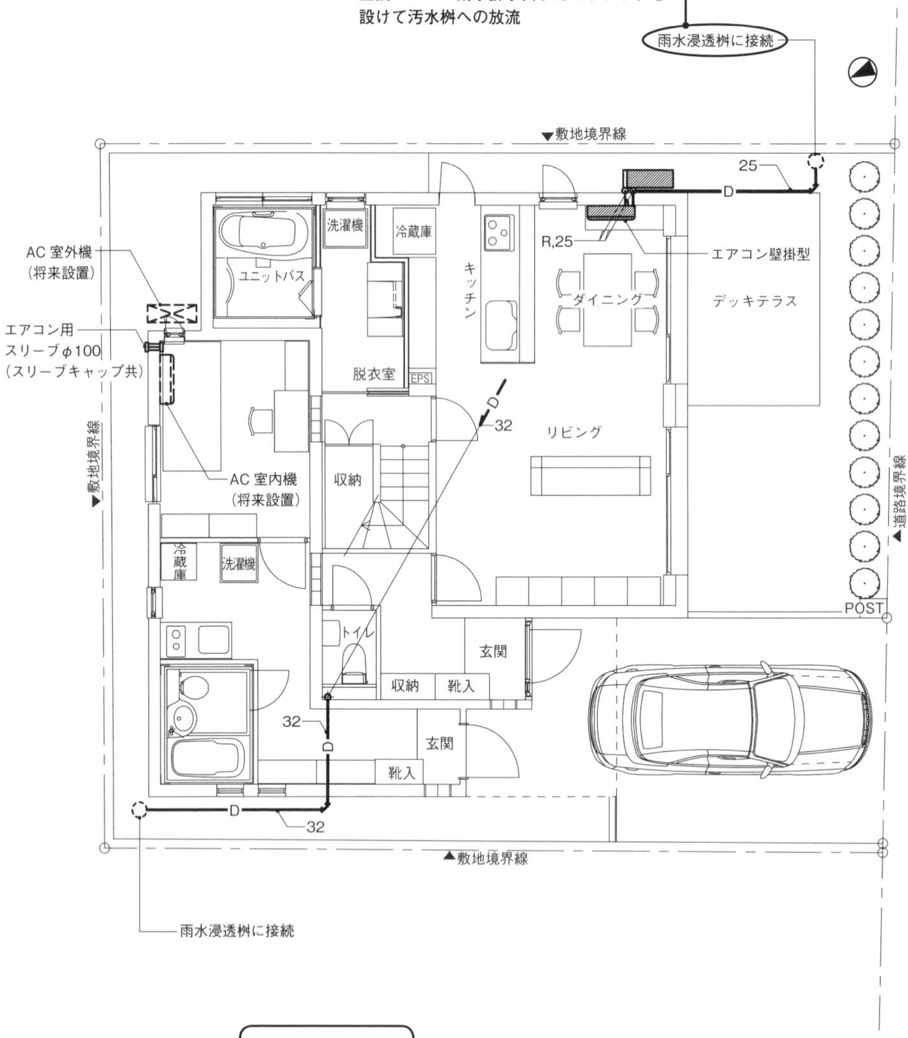
空調ドレンは雨水排水桝またはトラップを設けて汚水桝への放流
雨水浸透桝に接続
▼敷地境界線
25
D
R,25
エアコン壁掛型
AC 室外機
(将来設置)
エアコン用
スリーブφ100
(スリーブキャップ共)
洗濯機
冷蔵庫
ユニットバス
キッチン
ダイニング
デッキテラス
脱衣室
EPS
D
32
リビング
収納
AC 室内機
(将来設置)
▼敷地境界線
▲道路境界線
冷蔵庫
洗濯機
トイレ
玄関
収納
靴入
POST
32
D
玄関
靴入
D
32
▲敷地境界線
雨水浸透桝に接続

室外機と室内機は
できるだけ近い位置に配置しよう
冷媒配管の距離が長くなると
効率が悪くなって、
工事費も割高になるんだ

# 空調図(2F)

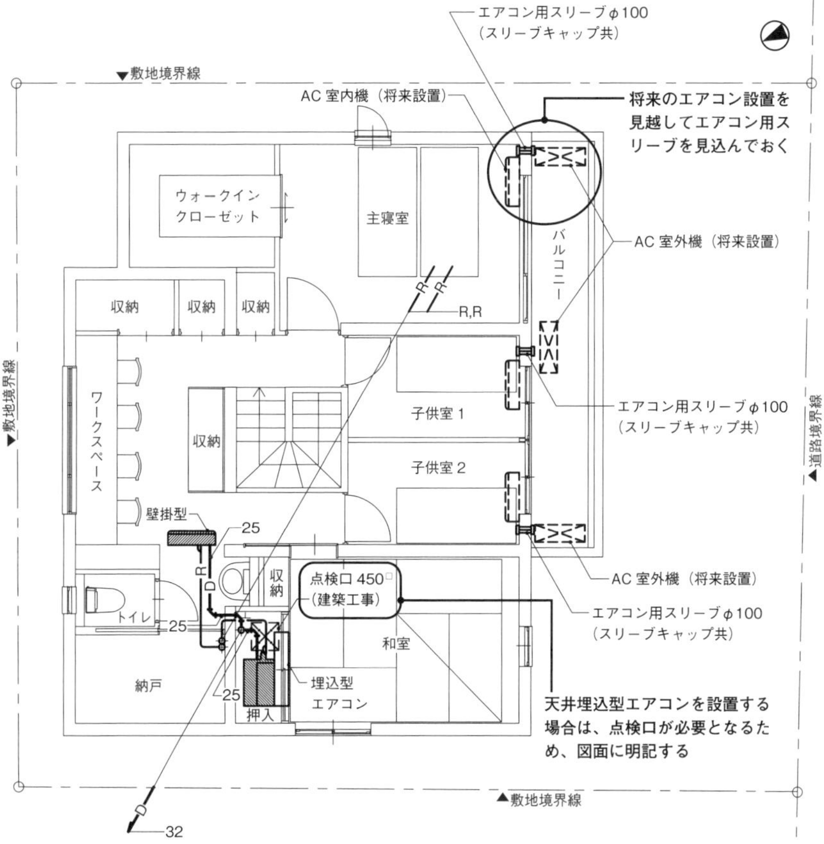

エアコン用スリーブφ100
(スリーブキャップ共)
▼敷地境界線
AC 室内機(将来設置)
将来のエアコン設置を見越してエアコン用スリーブを見込んでおく
ウォークインクローゼット
主寝室
バルコニー
AC 室外機(将来設置)
収納
収納
収納
R,R
ワークスペース
収納
子供室 1
子供室 2
エアコン用スリーブφ100
(スリーブキャップ共)
▼敷地境界線
▲道路境界線
壁掛型
25
収納
点検口 450□
(建築工事)
AC 室外機(将来設置)
トイレ
25
エアコン用スリーブφ100
(スリーブキャップ共)
和室
納戸
25
埋込型
エアコン
押入
天井埋込型エアコンを設置する場合は、点検口が必要となるため、図面に明記する
▲敷地境界線
32


●屋上

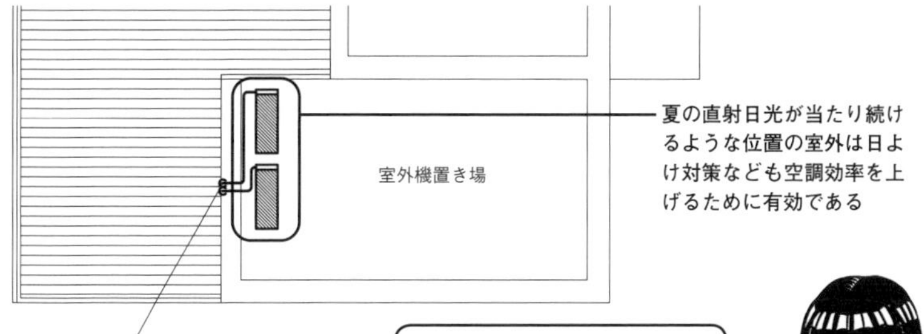

室外機置き場
夏の直射日光が当たり続けるような位置の室外は日よけ対策なども空調効率を上げるために有効である
R,R

将来、エアコンを取り付ける予定の場所には、配管用スリーブ、電源用コンセント、取付用金物を準備しておくといいよ

# 換気図（1F）

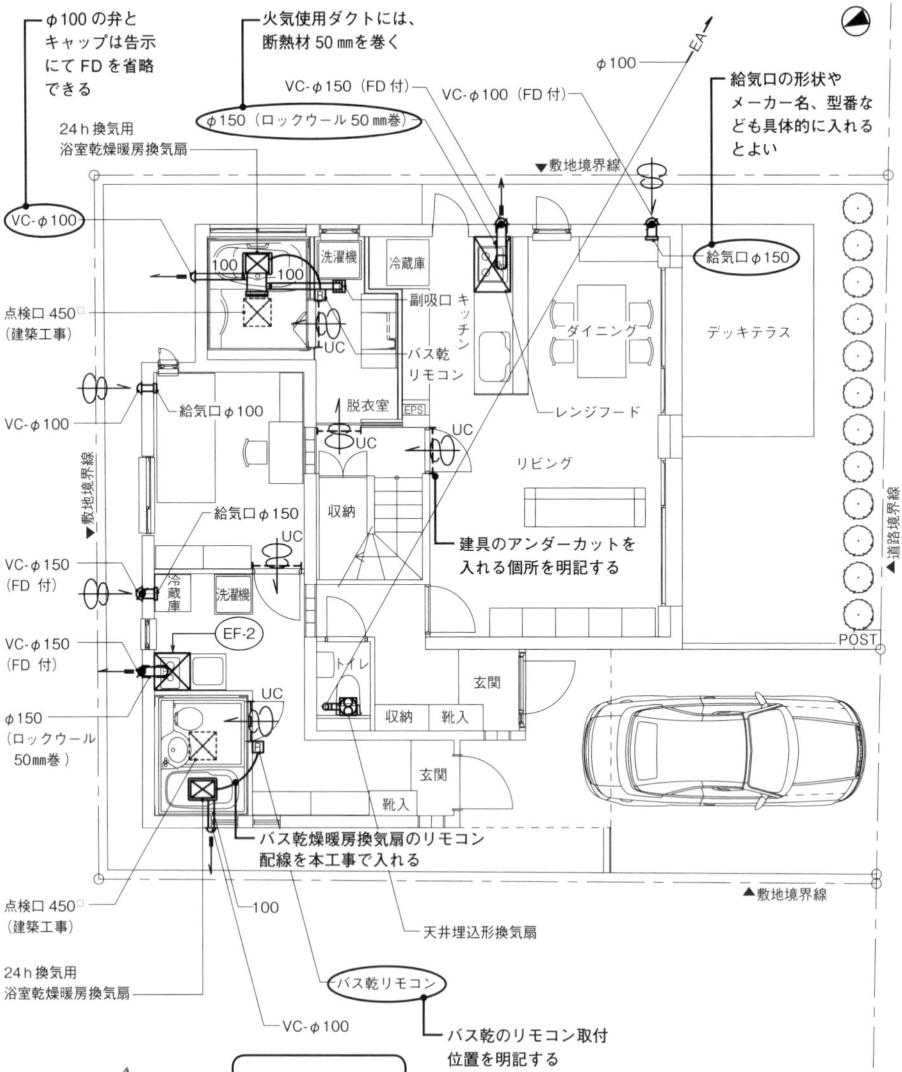
φ100の弁と
キャップは告示
にてFDを省略
できる
火気使用ダクトには、
断熱材50㎜を巻く
φ100
EA
給気口の形状や
メーカー名、型番な
ども具体的に入れる
とよい
VC-φ150（FD付）
VC-φ100（FD付）
φ150（ロックウール50㎜巻）
24h換気用
浴室乾燥暖房換気扇
敷地境界線
VC-φ100
給気口φ150
100
100
洗濯機
冷蔵庫
副吸口
キッチン
ダイニング
デッキテラス
点検口450□
（建築工事）
UC
バス乾
リモコン
給気口φ100
VC-φ100
脱衣室
EPS
UC
UC
レンジフード
リビング
敷地境界線
道路境界線
給気口φ150
収納
UC
建具のアンダーカットを
入れる個所を明記する
VC-φ150
（FD 付）
冷蔵庫
洗濯機
EF-2
VC-φ150
（FD 付）
トイレ
玄関
UC
φ150
（ロックウール
50㎜巻）
収納
靴入
玄関
靴入
POST
バス乾燥暖房換気扇のリモコン
配線を本工事で入れる
敷地境界線
点検口450□
（建築工事）
100
天井埋込形換気扇
24h換気用
浴室乾燥暖房換気扇
バス乾リモコン
バス乾のリモコン取付
位置を明記する
VC-φ100

給気口と空調機を近くに
配置すれば、外気と
空調機から送風される
空気が攪拌《かくはん》されて快適な
室内環境が実現できるよ

# 換気図（2F）

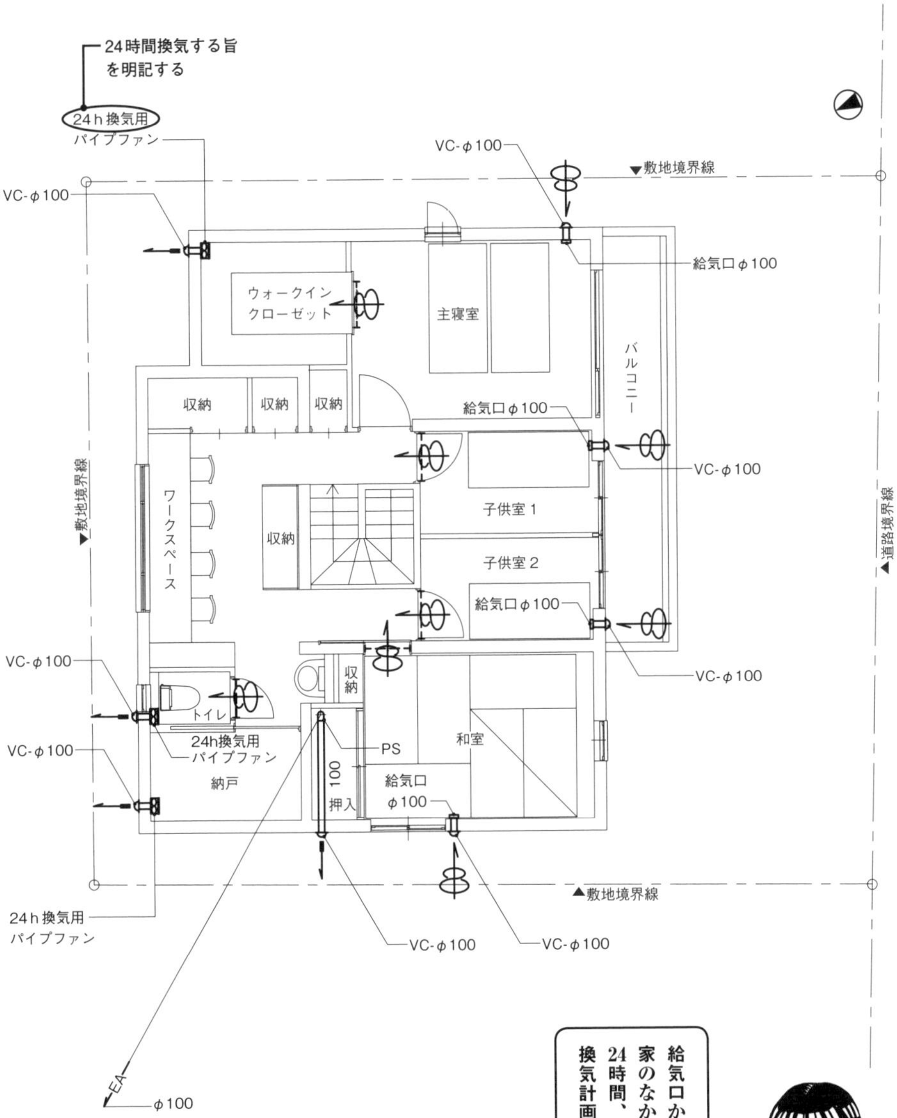
24時間換気する旨
を明記する
24h換気用
パイプファン
VC-φ100
VC-φ100
▼敷地境界線
給気口φ100
ウォークイン
クローゼット
主寝室
バルコニー
収納
収納
収納
給気口φ100
VC-φ100
ワークスペース
収納
子供室1
子供室2
給気口φ100
VC-φ100
▼敷地境界線
▲道路境界線
VC-φ100
トイレ
収納
24h換気用
パイプファン
VC-φ100
PS
和室
納戸
100
押入
給気口
φ100
▲敷地境界線
24h換気用
パイプファン
VC-φ100
VC-φ100
EA
φ100

給気口から新鮮な空気が
家のなか全体を経由して、
24時間、換気扇に流れていく
換気計画がベストだね

第4話 電気・通信設備の設計

# 大切なのは「想像力」

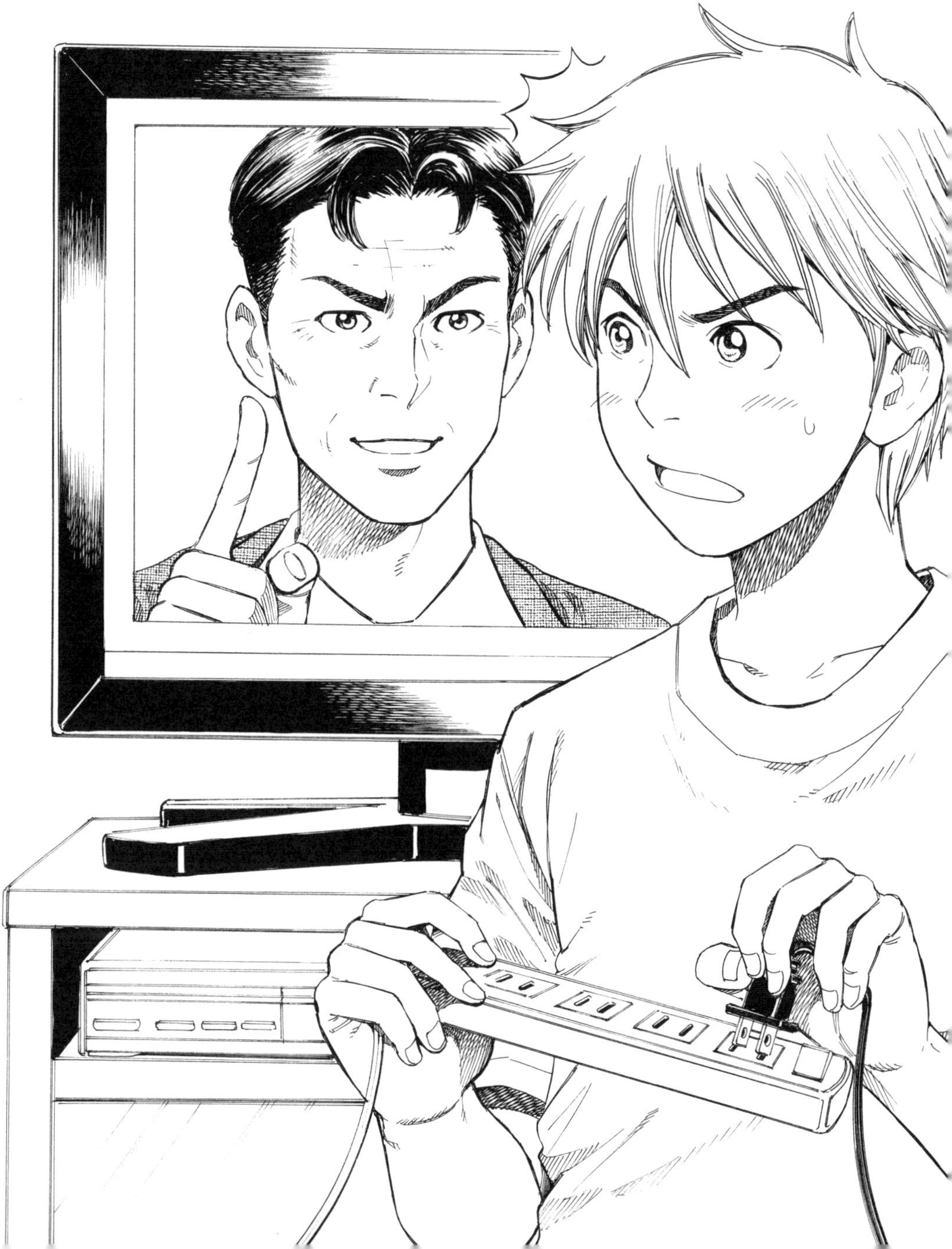

この世には不思議で恐ろしい家が存在する…
ゴゴゴゴ
らしい…
おい、建太 そのドア 開けてみろ…
え…でも…
いいから開けろって言ってんだろ!!
ギィ…
な…ない どこにもない!!

この部屋の電気のスイッチは、いったいどこにあるんだ!?
ちょっとキミ！仕事場で遊ばないのっ!!
もー、熊井のおじさんも一緒になって…新人の彼に電気設備のこと教えてあげたいって言うからリフォームの調査、一緒に来るのOKしたんですよー
もー
冗談だよ
ははっ そー怒るなよ 舞美《まいみ》ちゃん 美人が台無しだろー
…それにしても、この家電気系がことごとくヘンですよね
この部屋のスイッチなんてドアの裏にあるから、いったん入ってドアを閉めないと見つかんないし
もーそうなんよ 中古で買ったんやけど ほんまに住んでて不便でしゃーないんよ、この家
お茶どーぞ

玄関なんて、えらい離れたところにスイッチが付いてるから夜帰って来たら、どこにスイッチがあるかわからへんのよね
くら…
えー
どこなん？
電気…
そういう場所には「ホタルスイッチ」を使ってあげると暗くてもどこにあるかすぐわかるんだけど…
ほかのスイッチもけっこうメチャメチャに付けてますよね
そうなんよ
トイレとか風呂とかスイッチが離れたとこにあるから、夕方にうっかり電気つけ忘れて入ったら大変なんよね
うぁ…遠い……
TOILE
ジャー
しまった！
電気つけんの忘れたっ

電気もそうだけど どこに家具を置いて どう生活してほしいのか… この家を設計した人 何も考えてないのよねー
ほんまにねー…
まあ、今回そういう 不満も含めてリフォーム 依頼してもらったんだけど…
でも、女の人で電気設備の 仕事って珍しいですよね
え？ 何その 女なんかじゃ、 こーゆー仕事務まらないん じゃねー的発言
あっ、いや、別に そういうことじゃ…
ふふっ 冗談、冗談
私、もともと設計が 主な仕事なんだけどね
まあ現場にはよく顔出す ほうだけど
父さん…社長がエアコンの室外機 持ち上げたとき、腰やっちゃってね 家族でやってる会社だから 臨時で営業とか調査とか 私が代わりにね
舞美…休んじまったら メシ食えねーだろ あとは頼んだぞ
たいへん ですねー
はー…
…それにしても キレイだよな… 舞美さんって…
んっ・

おい、何見とれてんだ
舞美ちゃんは
この業界みんなの
アイドルなんだからな
変な気おこすなよ
な…何
言ってんだよ!!
で、でも、実際
電気って難しい
ですよね…
専門的なことが
すごく多くて…
あっ、キミ、今
お姉さんの家の図面描いてる
んだっけ? 戸建てでしょ?
だったら低圧引き込み
になるよね
え? 低圧
引き込み…?
えっ!?
低圧引き込み
知らないの!?
いい、低圧引き込みって
いうのは、電柱の上にある
変圧器(トランス)で
電圧を下げてから
電気を敷地内に引き込んで…
変圧器(トランス)
電気の
引き込み
電力量計(メーター)、
場合によっては引込開閉器盤を
介して住戸内に
電気を導く方法のこと
電力量計(メーター)
引込開閉器盤
電気契約容量が
ほぼ50kVA(キロボルトアンペア)未満の
一般の住宅なら、基本的には
低圧引き込みになるわね

# 低圧引き込みの仕組み

●建物直受け方式（架空引込み）

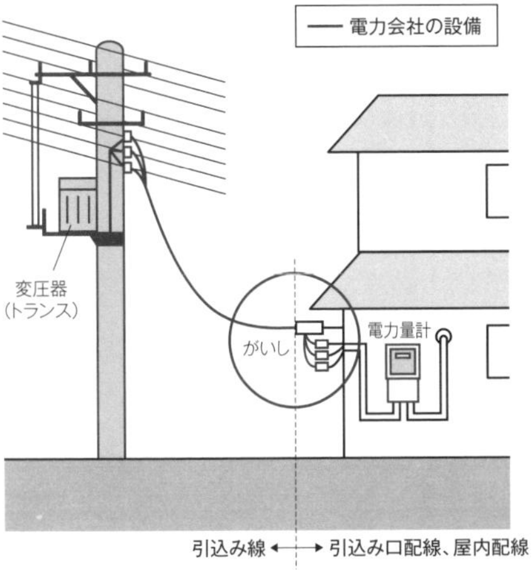

電力会社の設備
変圧器
（トランス）
がいし
電力量計
引込み線 ←→ 引込み口配線、屋内配線


●引込柱方式（地中引込み）

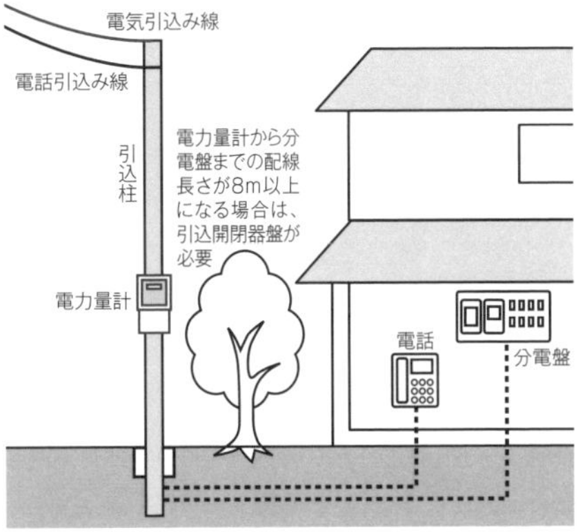

電気引込み線
電話引込み線
引込柱
電力量計から分電盤までの配線長さが8m以上になる場合は、引込開閉器盤が必要
電力量計
電話
分電盤


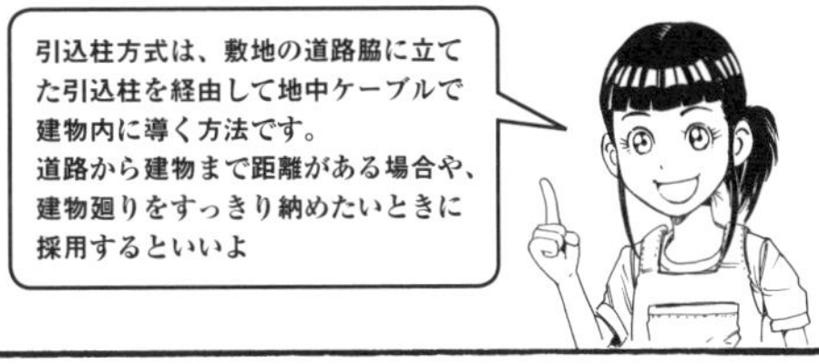

引込柱方式は、敷地の道路脇に立てた引込柱を経由して地中ケーブルで建物内に導く方法です。
道路から建物まで距離がある場合や、建物廻りをすっきり納めたいときに採用するといいよ


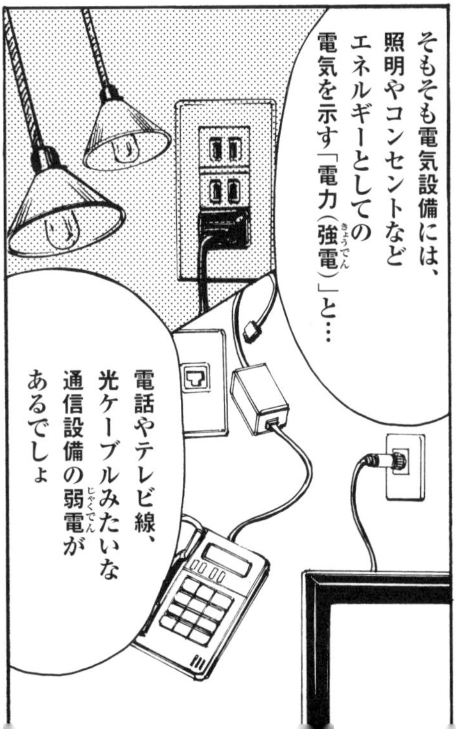

そもそも電気設備には、照明やコンセントなどエネルギーとしての電気を示す「電力（強電《きょうでん》）」と…
電話やテレビ線、光ケーブルみたいな通信設備の弱電《じゃくでん》があるでしょ


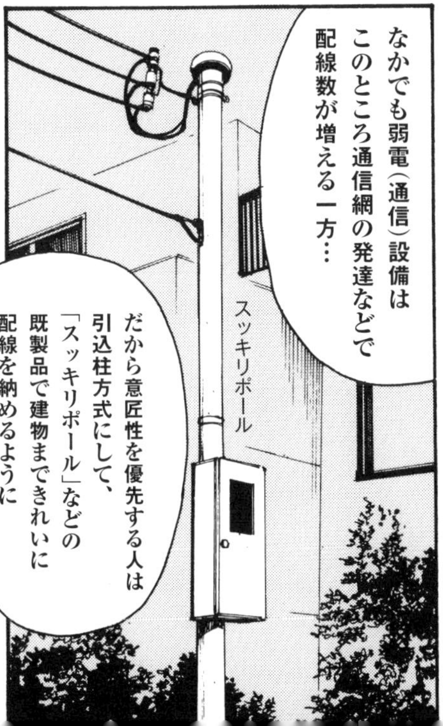

なかでも弱電（通信）設備はこのところ通信網の発達などで配線数が増える一方…
スッキリポール
だから意匠性を優先する人は引込柱方式にして、「スッキリポール」などの既製品で建物まできれいに配線を納めるようになっているわ

へー…、そんな方法があるんだぁ〜
うーん…その様子じゃ電気を引き込んだ後の配電方式も知らなそうね…
いい、引き込んだ電気を、さらに各家電機器へ配るための配電方式は…
一般の住宅なら「単相３線式２００Ｖ／１００Ｖ」が主流よ覚えておいて

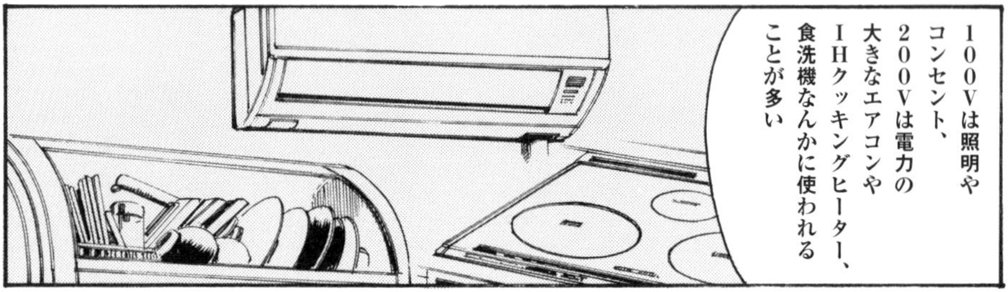
１００Ｖは照明やコンセント、２００Ｖは電力の大きなエアコンやＩＨクッキングヒーター、食洗機なんかに使われることが多い

## 単相3線式の配電方式

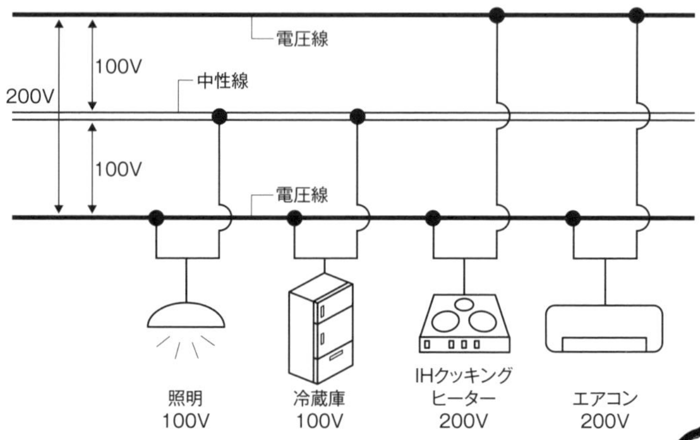
電圧線
100V
中性線
200V
100V
電圧線
照明
100V
冷蔵庫
100V
IHクッキング
ヒーター
200V
エアコン
200V

単相３線式の配電方式は、100Vに加え200Vも容易に取り出すことができます。パワーの大きい200Vの家電機器を使用しやすい配電方式なんです

でも、昔の家だと方式が古い「単2式」のままだったりする
それだと、最近の200Vが必要な機器が使えないから単相3線式に交換しなくちゃならないのよ
最近の家電機器は性能の向上とともに必要な電圧も上がっているからなその手の確認も事前調査では重要になる
なるほど……
もう1つ、古い家に最近の家電機器を導入する際重要なことがあるんだけど何だかわかる？
え？ 重要…えーと…家電機器だから…え～
ブー、時間切れ！正解は…
分電盤！
え？分電盤って、あの？
分電盤と回路数

## 分電盤の構成

黒と赤が電圧側配線、
白が接地側配線

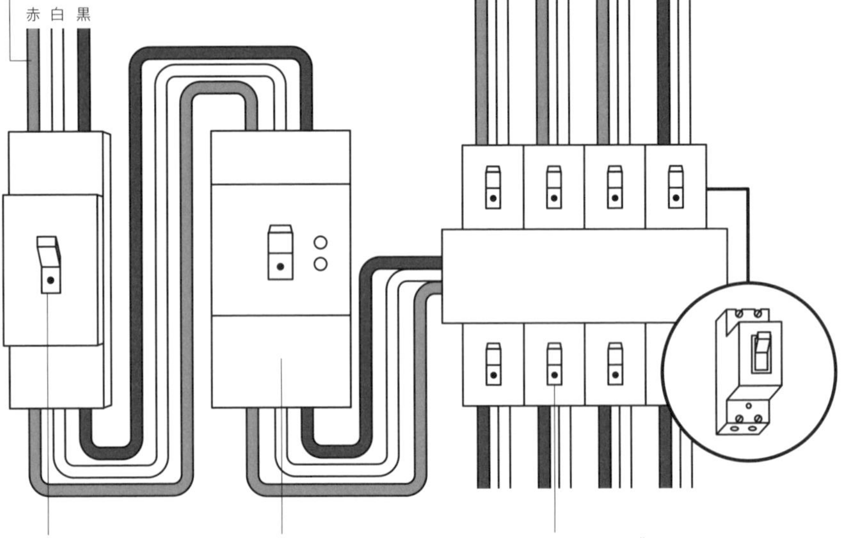
赤 白 黒

**アンペアブレーカー**
今後、アンペアブレーカーはスマートメーター内に、その機能を持つため不要となる

**漏電遮断器（漏電ブレーカー）**
万一漏電したときに、自動的に電気を遮断する安全装置。単相3線式では、中性線欠相保護機能付きを設置

**配線用遮断器（回路ブレーカー）**
各部屋への電気の回路を安全に保つ。異常があった場合は自動的に切れる

## アンペアブレーカー

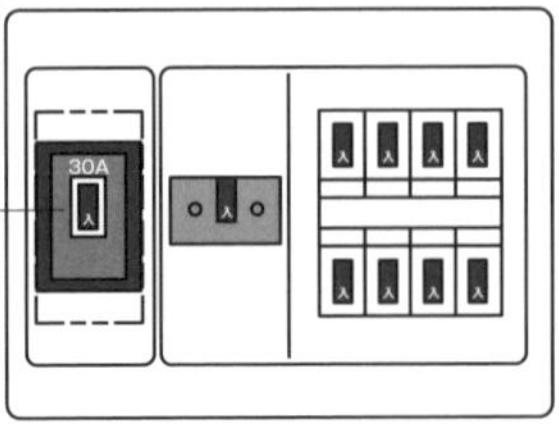
アンペアブレーカー（電流制限器）
30A
入

●アンペアブレーカー（電流制限器）は、契約電流によって色分けされている

| アンペアブレーカーの色 | 赤 | 桃 | 黄 | 緑 | 灰 | 茶 | 紫 |
|---|---|---|---|---|---|---|---|
| 契約電流 | 10A | 15A | 20A | 30A | 40A | 50A | 60A |

今後、アンペアブレーカーはスマートメーター内に、その機能を持つため不要となる

分電盤の中にあるもののうちアンペアブレーカーだけが電力会社の所有物である
40A
入
電力会社と契約する際の容量、基本料金はアンペアブレーカーの種類で決まる

そうそう、この家すぐブレーカーが落ちんのよ
おかし食べー
センセイに相談したら分電盤のブレーカーいうのを変えたら大丈夫やって言いはるからホンマよかったわ
今まで電子レンジとかエアコン使うてるとすぐブレーカー落ちてめちゃめちゃ大変やったんよ
あ、おかまいなく
どーも
よく、ブレーカーが落ちて困るというクレームがあるけどその場合はまず**分電盤の回路分け**が正しくできていない可能性を疑うべきね
電気系は、この回路分けがすっごー――く大事なんだよ！
ふふんっ！
…やばいかわいい…
え…回路分け？
分電盤から各部屋へ電気を流す配線系統のことを回路っていうのはわかるわよね
通常は、1部屋に1回路もしくは小部屋2部屋で1回路。+《プラス》照明用回路なんかに分かれてるんだけど…

ここみたいに築年数が古い家は、もともと設けられてる回路数が限られているから、複数の部屋で1回路を共有し合っているケースが多いの
だから、1つの回路に負荷が集中して、ブレーカーが落ちやすくなる
なるほど…
1つの回路で同時に使える電気は12～15A（※）程度が目安
AC110V
玄関側
台所
AC 110V
20A
ON
通常、配線用遮断器には20A（※）定格のブレーカーが使われるけど…
これは定格の70％程度に負荷を抑えているからなの


※ 12A = 1200W、15A = 1500W、20A = 2000W

ついでに言っとくと専用回路をどこに引くかも考えておかないとな
あっ、専用回路って電力の大きい機器専用の回路ってことだよね
そうそう、エアコンや食洗機、電子レンジなんかは、1つの機器だけで消費電力が1000Wを超えるから、1回路で同時に2つの機器を使えないでしょ
1000Wを
超える機器
は、1回路に
だから、特に家電機器が集中するキッチンは、電子レンジ用に回路を1つ（単独回路）、食洗機用にもう1つ、その他の用途に1回路って具合に、複数の回路を設けておくことが望ましいの

# 回路図(1F)

家具や家電機器の置き場を設定し、コンセントを配置する。アースが必要な機器にはアース付きコンセントを採用する。一般コンセントは5～7カ所程度で1回路とし、容量が大きい機器は単独回路とする

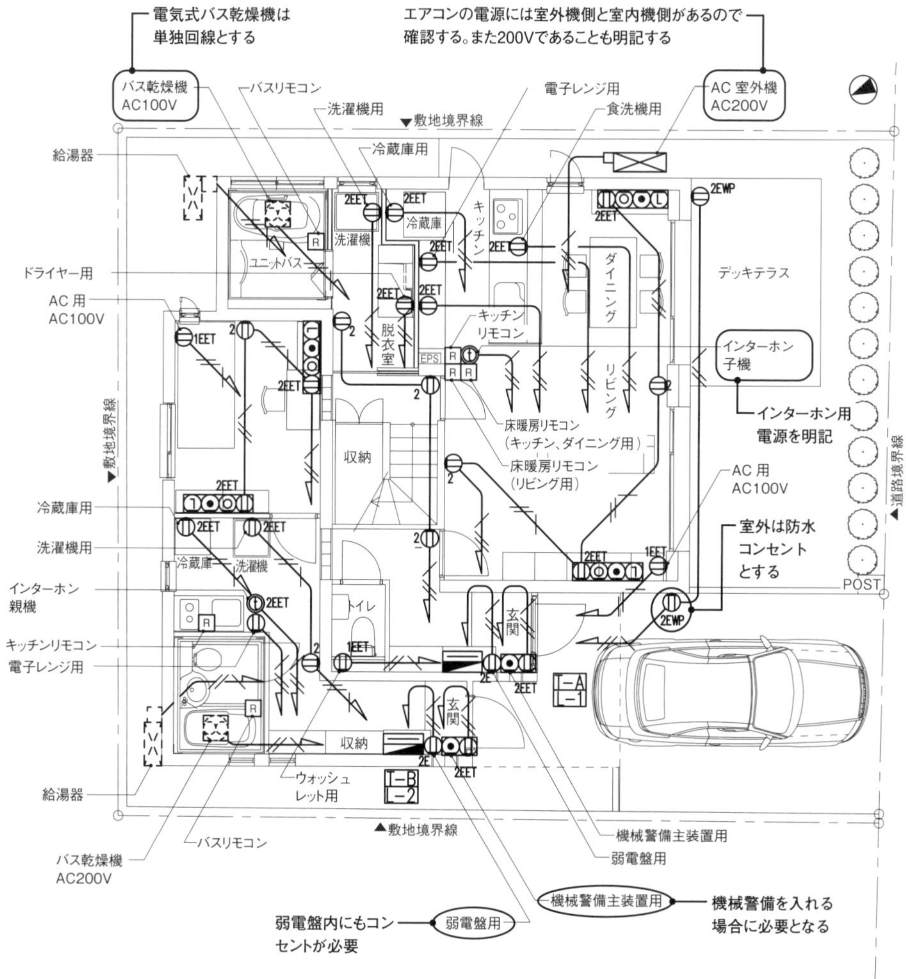


凡例

| | |
|---|---|
| ——— | IV2.0×2　(PF16) |
| —//\— | IV2.0×2　E2.0(PF16) |
| [symbol] 2 | ダブルコンセント |
| [symbol] 1EET | アースターミナル付接地コンセント |
| [symbol] 2EET | アースターミナル付接地ダブルコンセント |
| [symbol] 2EWP | 接地防水ダブルコンセント |

## 分電盤の回路数の目安

| 住宅面積［㎡］ | 一般回路 | | | 専用回路 | 合計 |
|---|---|---|---|---|---|
| | コンセント回路 | | 照明回路 | | |
| | キッチン | キッチン以外 | | | |
| 50（15坪）以下 | 2 | 2 | 1 | α | 5+α |
| 70（20坪）以下 | 2 | 3 | 2 | α | 7+α |
| 100（30坪）以下 | 2 | 4 | 2 | α | 8+α |
| 130（40坪）以下 | 2 | 5 | 3 | α | 10+α |
| 170（50坪）以下 | 2 | 7 | 4 | α | 13+α |

さて、ここで問題です
分電盤はどこに
設置するのが
正しいでしょうか？
え？ 場所…
玄関とか、廊下の角とか…
あれ？ 風呂の脱衣所でも
見るような…、えーと…
ブブー
時間切れー
正解はというと
ですねー
「ブレーカーが落ちたときに
わかりやすく、かつ操作の
しやすい場所」
これが正解でしたー
テヘヘ…
えー、そんな
ことっすかー
でも、それって
すっごく大事な
ことよ
教科書的には
水気や湿気が少なくて
ブレーカーを操作しやすい
1800ミリ以下の高さって
ことになるけど…
いざってとき、
すぐに操作
できなきゃ
意味ないでしょ
たた…
たしかに…
最近だと、
デザインに配慮して
分電盤を収納棚などに
組み込んで、外から
目立たなくすることが
多いんだけど…
注意したいのは、
住む人が分電盤の前に
物を置かないよう
工夫しておくってことね
できるだけ、分電盤を手前に
取り付けるとかね

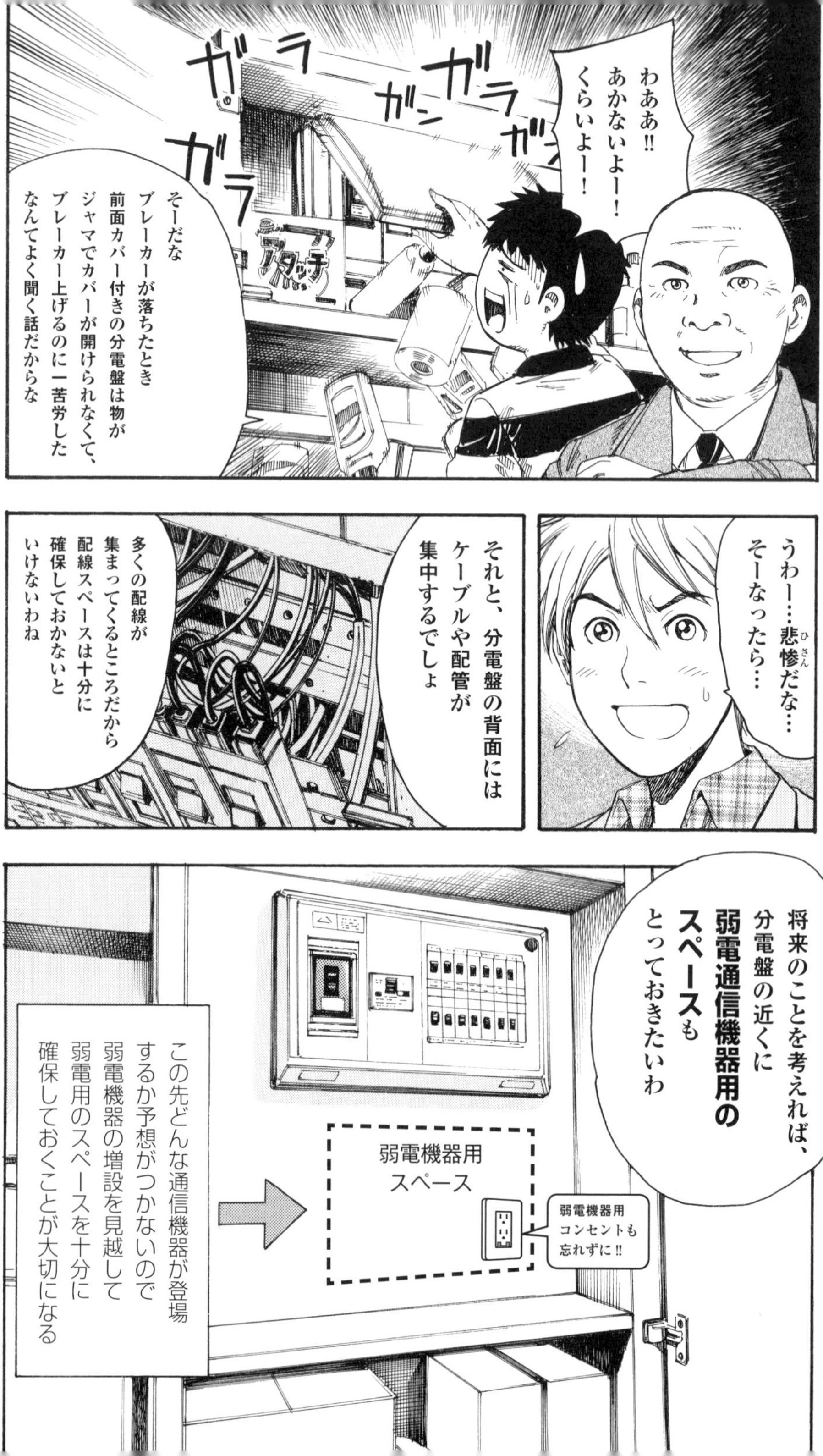

ガラ
ガン
ガラ
ガラ
ガラ
わぁぁ!! あかないよー! くらいよー!
そーだな
ブレーカーが落ちたとき
前面カバー付きの分電盤は物が
ジャマでカバーが開けられなくて、
ブレーカー上げるのに一苦労した
なんてよく聞く話だからな
うわー…悲惨《ひさん》だな…
そーなったら…
それと、分電盤の背面には
ケーブルや配管が
集中するでしょ
多くの配線が
集まってくるところだから
配線スペースは十分に
確保しておかないと
いけないわね
将来のことを考えれば、
分電盤の近くに
**弱電通信機器用の**
**スペース**も
とっておきたいわ
この先どんな通信機器が登場
するか予想がつかないので
弱電機器の増設を見越して
弱電用のスペースを十分に
確保しておくことが大切になる
弱電機器用
スペース
弱電機器用
コンセントも
忘れずに!!

## 分電盤の設置に必要なスペース

●正面

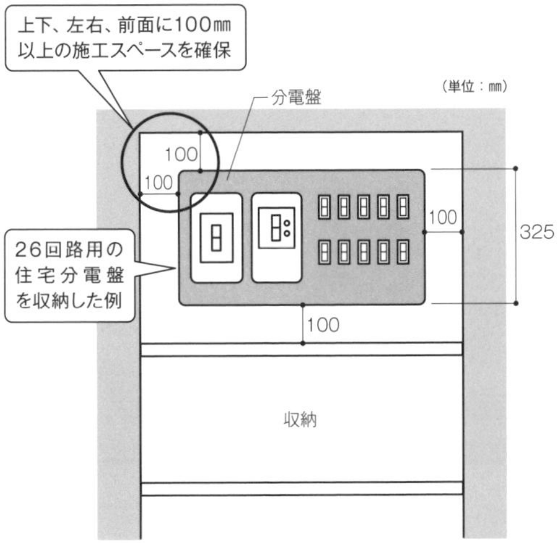
上下、左右、前面に100㎜
以上の施工スペースを確保
（単位：㎜）
分電盤
100
100
100
325
26回路用の
住宅分電盤
を収納した例
100
収納

●立断面

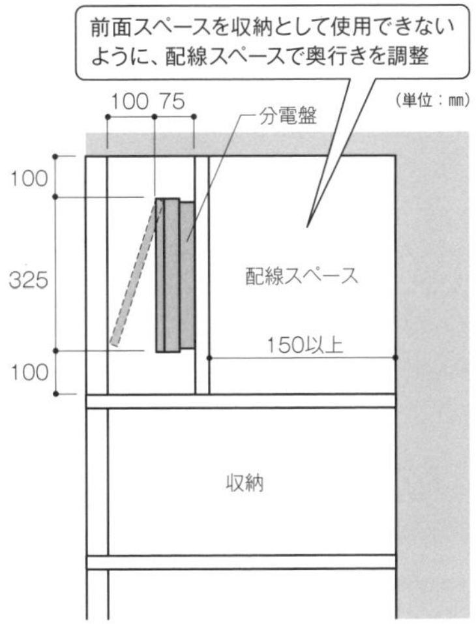
前面スペースを収納として使用できない
ように、配線スペースで奥行きを調整
（単位：㎜）
100 75
分電盤
100
325
100
配線スペース
150以上
収納

## 分電盤の回路数と幅寸法の目安

| 回路数 | 幅寸法［㎜］ |
|---|---|
| 6以下 | 416 |
| 7～10 | 450 |
| 11～16 | 484 |
| 17～20 | 518 |
| 21～24 | 552 |

分電盤のサイズは
高さ325ミリが目安で
幅は回路数によって変わるよ

えーと、それじゃあ次はね…
はいはい
いやー、何なん、あのお兄ちゃんメロメロやんかー お姉ちゃんに
恋やわ 恋…
いやー、でも、すみませんね リフォームの打ち合わせなのに こんな感じになってしまって
えーんよ、えーんよ 若い子らが勉強してるんやから、それくらい全然かまへんよ

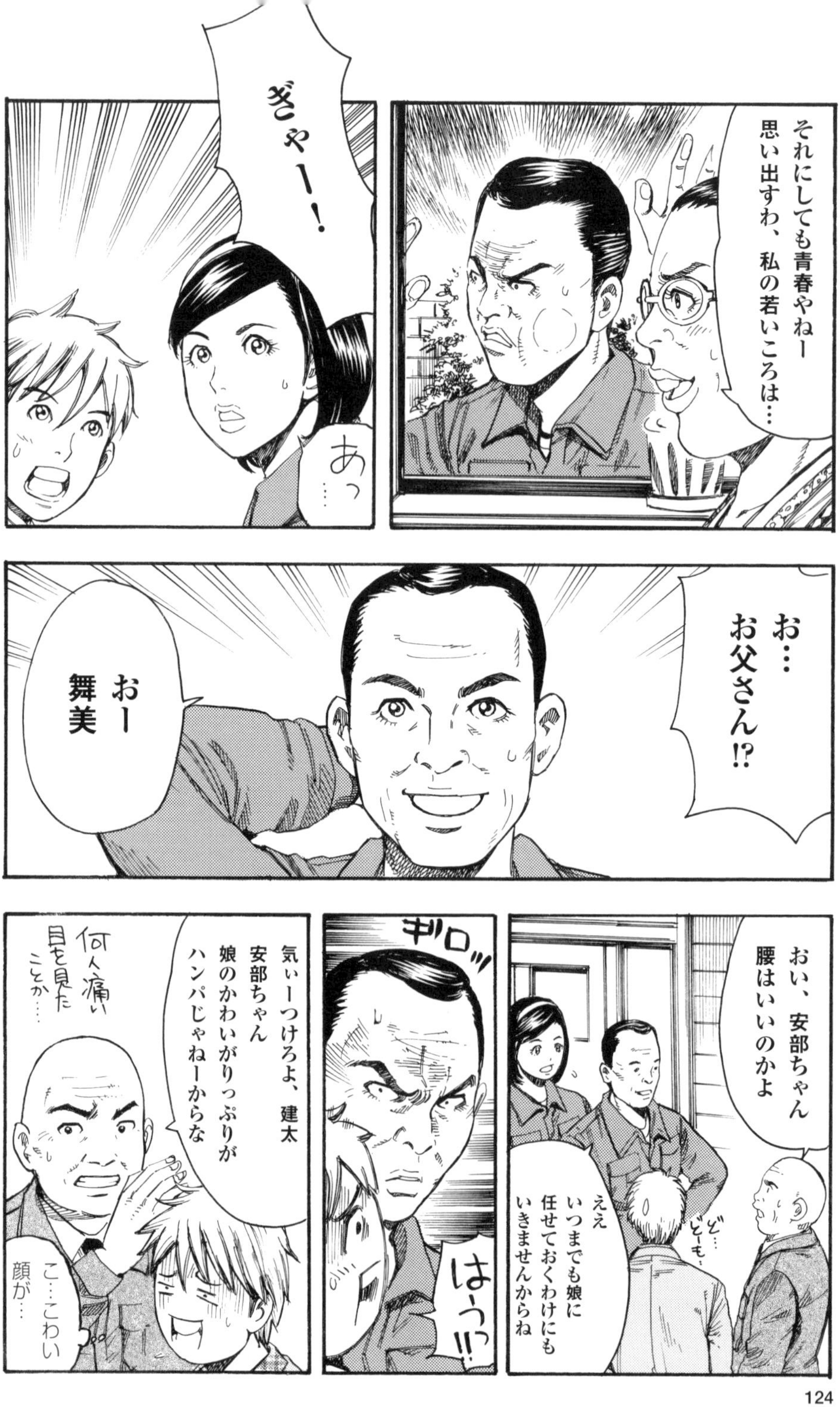

それにしても青春やねー
思い出すわ、私の若いころは…
ぎゃー！
あっ…
お…
お父さん!?
おー
舞美
おい、安部ちゃん
腰はいいのかよ
ど…どーも…
ええ
いつまでも娘に
任せておくわけにも
いきませんからね
ギロッ
はうっ!!
気ぃーつけろよ、建太
安部ちゃん
娘のかわいがりっぷりが
ハンパじゃねーからな
何人痛い目を見たことか……
こ…こわい
顔が…

ふん、あのダンディー気取りの設計屋の息子が来てると聞いて心配で飛んで来たが、なんだ、ただのガキじゃないですか
プル
プル
プル
プル
おい、無理すんな安部ちゃん
ところで奥さん、ひととおり見せてもらいましたが、この家、コンセントの位置もヘンですね
うん そーなんよ
コンセントとスイッチ
ほら、ここ、本当は大きな家具を置きたかったのにコンセントがあるから置かれへんかったし…
キッチンも冷蔵庫置き場らしきところはあるんやけど、コンセントの位置が遠いから延長コード使わなあかんし…
コードがめっちゃジャマなんよね…
なんか、全部のコンセントがビミョーに、かゆいところに手が届かないとこにあんのよね
ふー…
たしかにコンセントの位置ってホントに大切なのよ
……
家具の配置なんてコンセントの場所ありきってところもあるじゃない

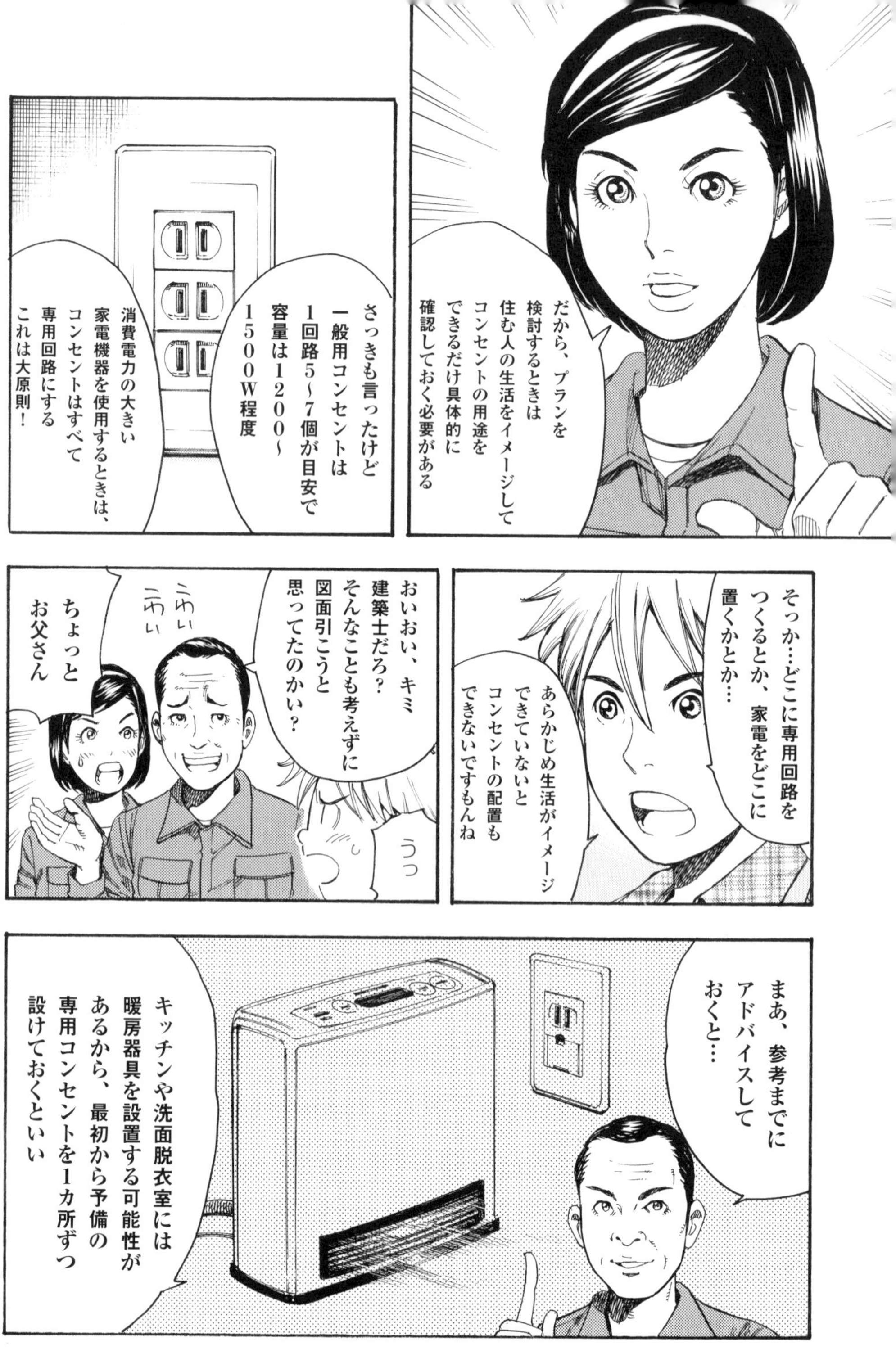
だから、プランを検討するときは住む人の生活をイメージしてコンセントの用途をできるだけ具体的に確認しておく必要がある
さっきも言ったけど一般用コンセントは１回路５～７個が目安で容量は１２００～１５００Ｗ程度
消費電力の大きい家電機器を使用するときは、コンセントはすべて専用回路にするこれは大原則！
そっか…どこに専用回路をつくるとか、家電をどこに置くかとか…
あらかじめ生活がイメージできていないとコンセントの配置もできないですもんね
おいおい、キミ建築士だろ？そんなことも考えずに図面引こうと思ってたのかい？
こわい こわい
うっ
ちょっとお父さん
まあ、参考までにアドバイスしておくと…
キッチンや洗面脱衣室には暖房器具を設置する可能性があるから、最初から予備の専用コンセントを１カ所ずつ設けておくといい

コンセントの数は
居室なら2畳あたり
2口以上が1カ所、
廊下には
5メートル程度
ごとに
1カ所が目安だ
それに加えて、高さにも
気を配らなきゃいけない
機器によって最適な高さは
変わるからね
各部屋の用途、広さ、
使用器具をできるだけ
具体的に調べて…
掃除機の充電用や
将来の電気自動車
用なども考慮して
決定しておくと、
竣工後の不満も少
なくなるはずだ
なるほど

## コンセント設置数の目安

| 回路容量 | キッチン | ダイニング | 居室・リビング | | | | トイレ | 玄関 | 洗面室 | 廊下 |
|---|---|---|---|---|---|---|---|---|---|---|
| | | | 7.5~10㎡ (4.5~6畳) | 10~13㎡ (6~8畳) | 13~17㎡ (8~10畳) | 17~20㎡ (10~13畳) | | | | |
| 100V | 6 | 4 | 3 | 4 | 5 | 6 | 2 | 1 | 2 | 1 |
| 200V | 1 | 1 | 1 | 1 | 1 | 1 | — | — | 1 | — |

## アースターミナル付き接地コンセント

●接地コンセント(100V)　●接地極付きコンセント(200V)

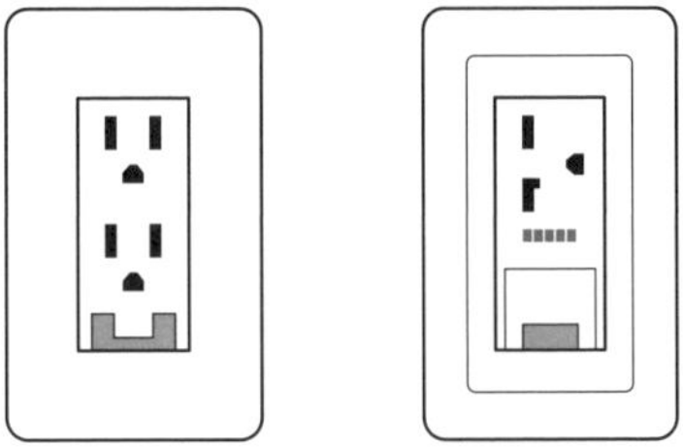

100V用と200V用コンセントは誤使用を避けるため、差込口の形状が異なる

## コンセントの高さの目安

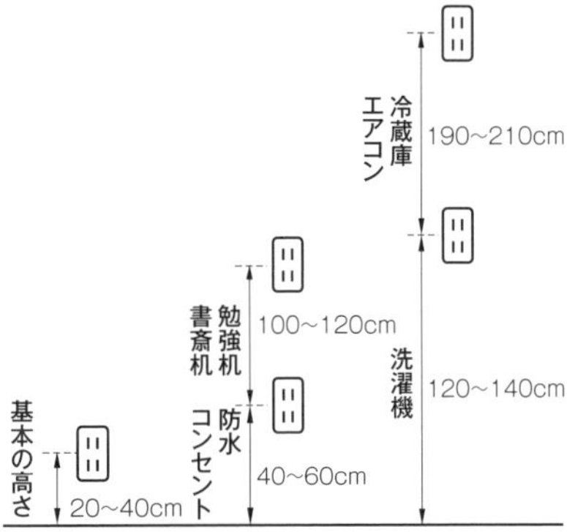
冷蔵庫
エアコン
190~210cm
勉強机
書斎机
100~120cm
洗濯機
120~140cm
防水
コンセント
40~60cm
基本の高さ
20~40cm

- コンセントの高さは、床面から25㎝程度が基本
- 使用機器が一定の場合は、操作しやすい場所に設ける
- しゃがみながらの作業が困難な高齢者には、高めの設置も検討する

2005年に改訂された「内線規程」により
住宅用の配線器具は接地付き(アース付き)の
コンセントの敷設が強化されました。
今後、家電機器用のコンセントを
予定している場所は、接地コンセントまたは
アースターミナル付き接地コンセントを
採用しておく必要があります

コンセントだけじゃないぞ スイッチも同じだ 無計画に配置すると 家電製品が使いにくい、家具が置けないなどの 不都合が出てしまう
特にスイッチの場合は 種類や機能、設置個所なども 考えておかないと…
そっか… スイッチには いろんな種類が ありますもんね
そのとおり! スイッチは 大きく分けて 機能と使いやすさで 選ばれる 「手動スイッチ」
消し忘れ防止 だけでなく、省エネにも有効な 「タイマースイッチ」
人や周囲の明るさを 感知して自動点滅する 「センサースイッチ」の 3種類がある
手動スイッチのなかでも、暗くても位置がひと目でわかる ホタルスイッチは 玄関や階段に使うと有効だ
消灯時にランプが点灯
点灯時にランプが点滅して スイッチが入っていることが ひと目でわかるオンピカスイッチは、換気扇や屋外灯に 使ってやるといい
点灯時に点滅
換気扇 ついてるよねっ あっ、スイッチ見れば 分かるか!

タイマースイッチは風呂なんかに使ってやると消し忘れが防止できていい
同じ仲間の遅れスイッチはスイッチを切った後にしばらくして切れるタイプだからトイレの照明と換気扇が連動したものに使うと、臭気を換気した後、自動停止してくれて都合がいい
パッ
ビクッ
ひっ！
センサースイッチは寝室や廊下に付けるほか、玄関やポーチなどに付ければ防犯にもつながる
照明のスイッチは毎日、頻繁に使うものだから建て主の年齢やライフスタイルなどに合わせて…
へー
あらゆる角度から検討して、最適なものを選ばないとな

# スイッチの種類

## ●手動スイッチ

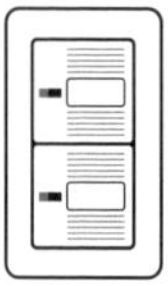

**パイロット・ホタル ダブルスイッチ**

点灯を赤、消灯を緑のランプで知らせ、消し忘れが防げる

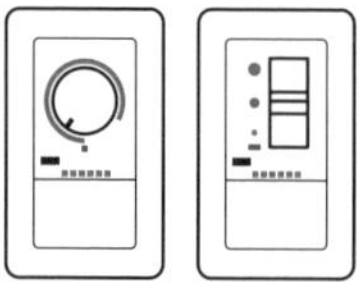

ダイヤル式　スライド式

**調光スイッチ**

寝室などで照明の明るさを変えたいときに便利。省エネ対策にもなる

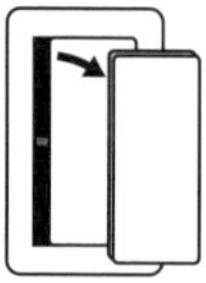

**リモコン式スイッチ**

スイッチからリモコンが取り外しできるので、就寝時などに寝たまま操作できる

**プルスイッチ付き 押ボタンスイッチ**

お年寄りの体調が急変したときなど、座ったままでも家族に連絡しやすい

**にぎり 押ボタンスイッチ**

お年寄りなどがベッドに寝たままで、家族に連絡できる

## ●タイマースイッチ

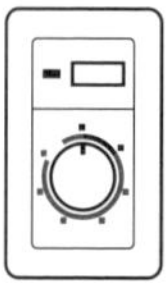

**浴室換気スイッチ**

入浴後に湿気を排出し、使用の数時間後に電源が切れる

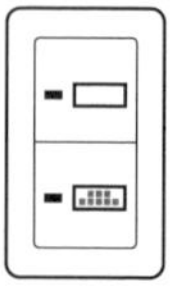

**トイレ用 換気スイッチ**

使用後の臭気を換気し、数分後に自動停止する

## ●センサースイッチ

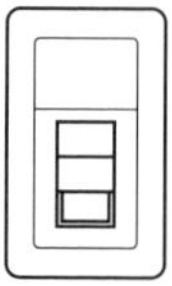

玄関、廊下、階段などで人の動きを感知すると照明が点灯する

| 種類 | | 用途 | 機能 |
|---|---|---|---|
| タイマー付き | 遅れ消灯付き | 寝室・トイレ | 5分後に消灯。消し忘れを防止する。<br>トイレ用は、換気扇と連動させ、同時にON。スイッチOFF時は換気扇のみ遅れて停止 |
| 明かり付き | ホーム保安灯 | 廊下（人感センサー付き）<br>寝室（明るさセンサー付き） | 人感センサー付きは人の動きでON・OFF、明るさセンサー付きは暗くなるとON、明るくなるとOFF、停電時は自動で点灯 |
| | 明かり付きスイッチ（ホタルスイッチ） | 玄関・廊下・階段 | 暗いところでも目立つ明かり付きスイッチ。照明をつけなくても短時間であれば移動可能 |
| 自動点滅 | 時間設定調光スイッチ（白熱灯用） | 廊下 | 設定した時間帯で、調光して点灯・遅れ消灯する機能付き。調光して使用すると消費電力を削減できるだけでなく、ランプの寿命も延びる |
| | 照度センサー付き人感センサー | 廊下・クロゼット・トイレ<br>外玄関（屋外用） | 人の動きでON・OFF。照度センサー付きなので、明るいところではOFF。壁付きと天井埋込用がある |
| 手動スイッチ | タッチワイドスイッチ | 各部屋 | 押しやすい。操作が簡単 |
| | 3路・4路スイッチ | 階段・廊下・リビング | 2カ所または3カ所で点滅操作が可能 |
| | 調光スイッチ | リビング・寝室 | 白熱灯用の場合は、ランプの寿命が延びる。蛍光灯は、調光用器具の場合に適用可能。トイレで使用する場合は、深夜利用の際の覚醒を抑止できる。浴室で外の景色を見たい場合にも使用できる |
| リモコンスイッチ | 点滅・調光リモコン | リビング・ダイニング・寝室 | 座ったまま、寝たままで点滅・調光操作が可能 |
| | シーン記憶調光器 | リビング・ダイニング | 行為に応じて明るさと照明器具を組み合わせ、生活シーンを演出 |

はー、そっか…やっぱり電気設備って奥が深いんですね
フ、当然だ
ムリすんなよ……
ふふっ…でも、私、思うんだ 電気設備に一番大切なことってやっぱり想像力じゃないかって
さっきも言ったけど そこに住む人が どういう生活を送るかを どれくらい想像できるかが 暮らしやすさを左右するの
…想像力…ですか
キッチンなんて、一回も料理もしたことない人がテキトーに設計したんだろうなぁって家 結構あるからね
なんでこのキッチン こんなに使いにくいの? なんでここに コンセントないの?って ちょっと考えれば わかるじゃない?
でも、意外と そういうの考えて 設計してないこと 多いのよ
ちょっと想像してみるだけでいいの そうすれば、この家みたいな 不思議な電気系統には 絶対ならないから
スッ

ドキッ
トン
だってさ
自分がたずさわった家の人には、気持ちよく暮らしてほしいじゃない
は…はい
ポンッ
お兄ちゃん
恋愛は障害が大きければ大きいほど盛り上がるんやで
ほう、想像力か
安部ちゃんの娘もいっぱしのこと言うようになったじゃないか

あそこの娘さんすごくキレイになっててビックリしますよね
でも、オヤジがかわいがりすぎて男っ気がないって奥さんがなげいてたよ
と、ところでオヤジ…衛星放送ってどうやって見るんだ？
ん？何だ、急に
私さー、今、衛星放送でやってる海外ドラマにハマってんのよねー
バイオニックジェミーとか
い、いや、別に…
テレビの受信
最近のテレビって見る方法がいろいろありすぎて、正直よくわかんないんだよなぁー
まぁな…それは打ち合わせでもよくあがっている話だ どこと契約すれば、何が見られていくらかかるとか
で？
ん？
あれ？ケータイどこいったかな
…オヤジもあんまわかってね〜んじゃね〜のか…
どーも
ガチャ
そりゃー、衛星放送だけでもいろいろな方法で見ることができるからねっ 自分で専用のアンテナを立てて見ることもできるしさ
あっ、優一さんそーゆーのに詳しいんですか？
ハハハッ
まーね、ボク、映画とかスポーツ見るの好きだから一時期、そういう番組のこと調べまくってたんだよね
…また来たのか…

今テレビ放送を見るなら
UHFアンテナを立てて見る
地上デジタル、衛星放送
（110°CS、CS、BS）
ケーブルや光ケーブルを家に
引き込んで見る有線放送が
一般的でしょ
放送の手段が限られている
地域もあるけど
とりあえず見たい番組を
優先して、それが見られる
放送手段を探すのが
いいんじゃないかな


## テレビ共聴の種別

| 種別 | | 要点 |
|---|---|---|
| 地上波 | VHF | 2011年7月24日に一部地域を除きデジタル放送に完全移行 |
| | UHF (13~62ch) | |
| 衛星放送 | BS | NHKBS1、NHKBSプレミアム、WOWOW、ハイビジョンch、BS日テレ、BS-TBS、BS-FUJI、BS朝日など |
| | 110°CS | スカパー |
| | CS | スカパー！プレミアムサービス |
| 有線放送 | ケーブルテレビ（CATV） | 全国各地域のCATV会社 |
| | 光ケーブル | ひかりTV、スカパー！プレミアムサービス光 |

## アンテナ設置の方向

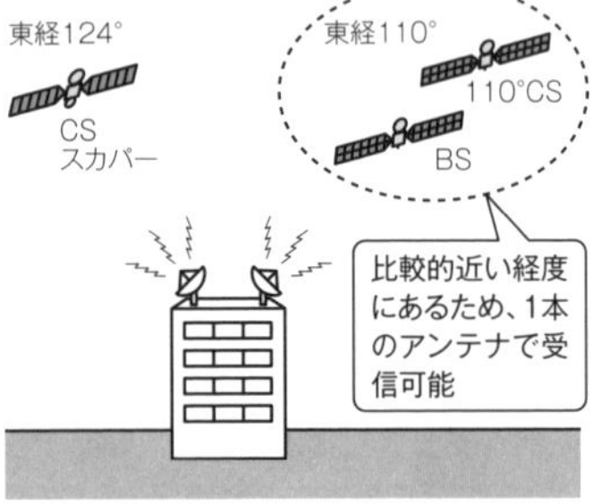

東経124°
CS
スカパー
東経110°
110°CS
BS
比較的近い経度にあるため、1本のアンテナで受信可能


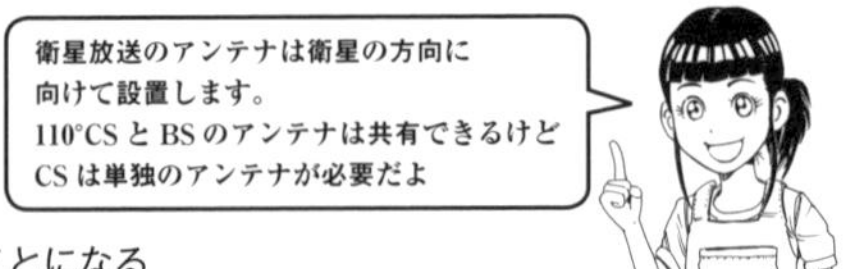

衛星放送のアンテナは衛星の方向に向けて設置します。
110°CSとBSのアンテナは共有できるけどCSは単独のアンテナが必要だよ


## テレビ視聴方法の比較

テレビを見るためには以下の3つの方法から選択することになる

| 視聴方法 | アンテナ受信（地デジ） | CATV（ケーブルテレビ） | ひかりTV（光ケーブル） |
|---|---|---|---|
| 構　成 | 屋上にUHFアンテナを設置および110°CS、BSアンテナを設置 | ケーブル会社の配線を引き込む | NTTより光ケーブル配線を引き込む<br>注）エリアによっては供給できない |
| 基本視聴 | 地上波デジタル<br>CSデジタル<br>BSデジタル | 地上波デジタル<br>CSデジタル<br>BSデジタル<br>ほか多チャンネル | 地上波デジタル<br>CSデジタル<br>BSデジタル<br>ほか多チャンネル |
| 追加視聴 | 不可 | 多チャンネル<br>（別途有料チャンネル） | 多チャンネル<br>（別途有料チャンネル） |
| 初期費用（工事費） | 約20万円 | 約5万円<br>※CATV会社によって多少異なる | 約5万円 |
| 基本料金（NET含） | 0円/月<br>有料チャンネルは別途費用が必要 | 約5,000円/月<br>※CATV会社によって多少異なる | 約7,000円/月 |
| インターネット対応 | なし<br>（別途インターネット契約が必要） | オプションで対応可能 | オプションで対応可能 |

ケーブルTV、光TVにはさまざまな割引きサービスがあるので、よく精査して選択すると良い

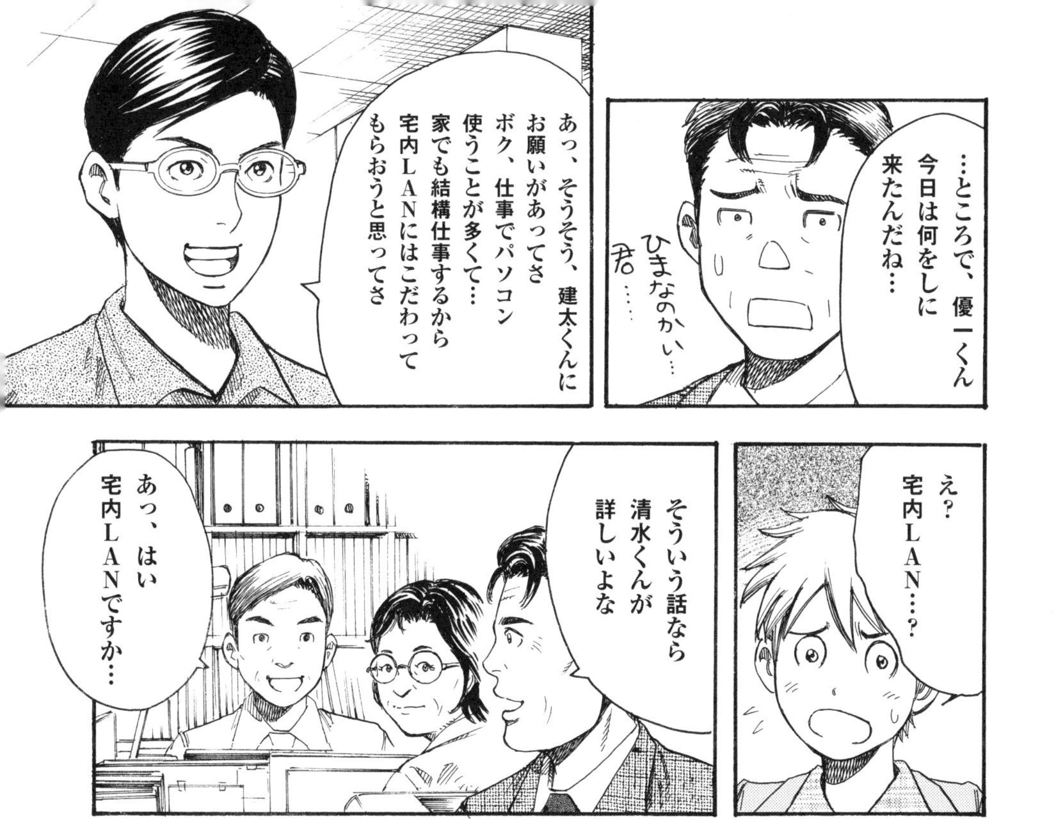
…ところで、優一くん今日は何をしに来たんだね…
ひまなのかい… 君…
あっ、そうそう、建太くんにお願いがあってさ ボク、仕事でパソコン使うことが多くて… 家でも結構仕事するから宅内LANにはこだわってもらおうと思ってさ
え？ 宅内LAN…？
そういう話なら清水くんが詳しいよな
あっ、はい 宅内LANですか…

LAN（Local Area Network）とは、複数のパソコンやプリンタなどの機器を接続するためのネットワークの略称で、LANを住宅内で構築することを「宅内LAN」と言います

宅内LANを構築する方法はさまざまですが、基本的には弱電盤内の光ケーブル引き込み位置からLANにつなぐ機器を設置する部屋までモデムとルーター、ハブを通してLANケーブルを配線していきます

**モデム**：コンピュータの信号と電話回線の信号を相互に変換する装置

**ルーター**：複数のLANを接続する装置

**ハブ**：LANで使われる集線装置

## 便利なPLC方式

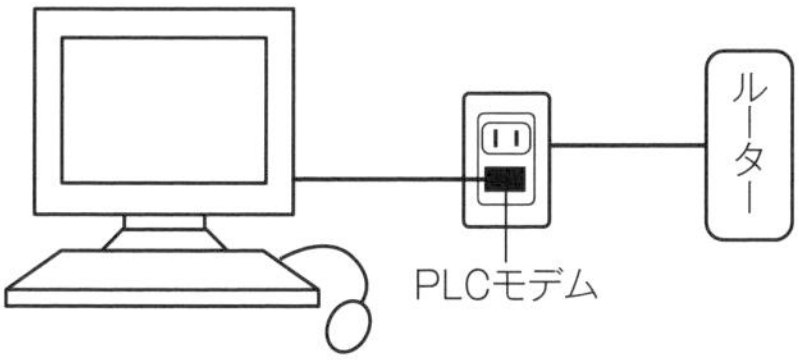
ルーター
PLCモデム

電源のコンセントを通じてデータ通信を行う通信技術。電波が届かなかったり通信速度が遅くなったりなどの問題が発生しにくい。無線LAN同様、セキュリティには注意が必要

接続方法には、有線・無線LANのほか、電力線をLANケーブルとして利用するPLC方式（電力線通信）もあります

これはPLCモデムを電気コンセントに差し込むだけなので手軽に利用できるんです

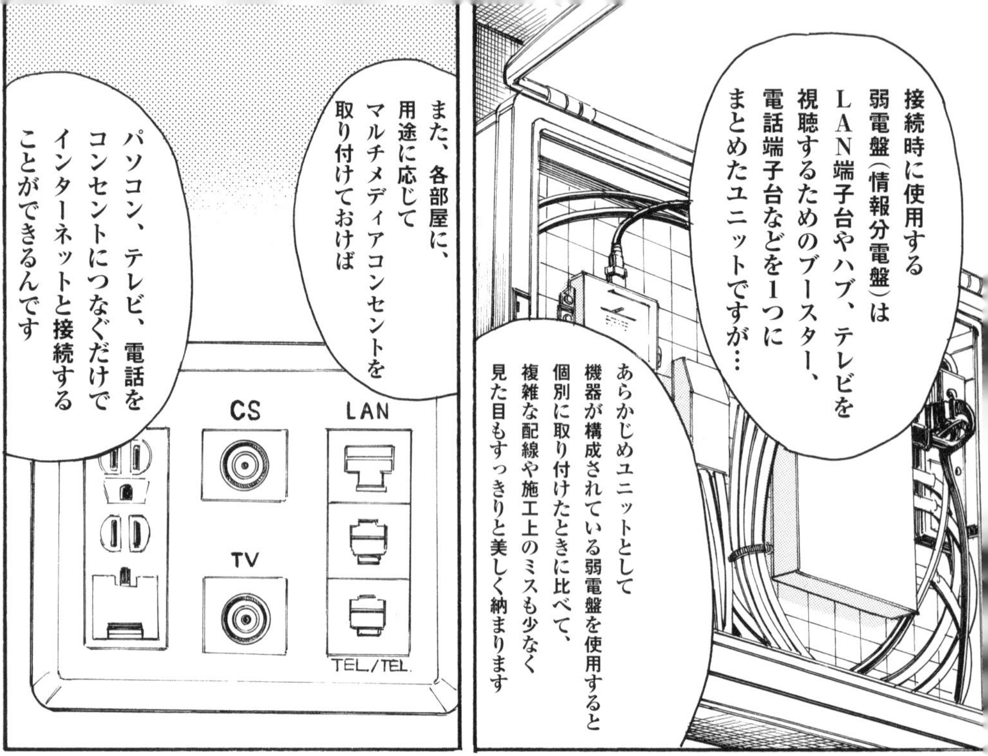
接続時に使用する弱電盤（情報分電盤）はLAN端子台やハブ、テレビを視聴するためのブースター、電話端子台などを1つにまとめたユニットですが…
あらかじめユニットとして機器が構成されている弱電盤を使用すると個別に取り付けたときに比べて、複雑な配線や施工上のミスも少なく見た目もすっきりと美しく納まります
また、各部屋に、用途に応じてマルチメディアコンセントを取り付けておけば
パソコン、テレビ、電話をコンセントにつなぐだけでインターネットと接続することができるんです
CS
LAN
TV
TEL/TEL.

## 弱電盤の仕組み

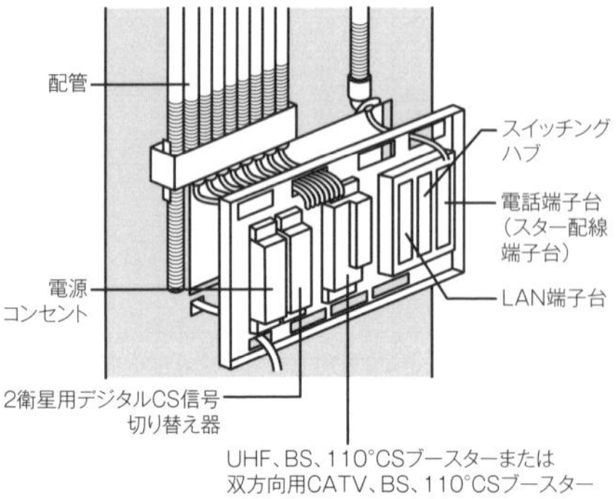
配管
スイッチングハブ
電話端子台（スター配線端子台）
電源コンセント
LAN端子台
2衛星用デジタルCS信号切り替え器
UHF、BS、110°CSブースターまたは双方向用CATV、BS、110°CSブースター

## マルチメディアコンセント

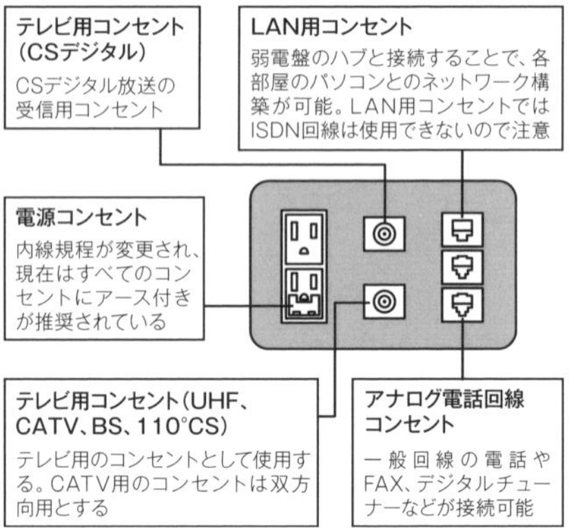
テレビ用コンセント（CSデジタル）
CSデジタル放送の受信用コンセント
LAN用コンセント
弱電盤のハブと接続することで、各部屋のパソコンとのネットワーク構築が可能。LAN用コンセントではISDN回線は使用できないので注意
電源コンセント
内線規程が変更され、現在はすべてのコンセントにアース付きが推奨されている
テレビ用コンセント（UHF、CATV、BS、110°CS）
テレビ用のコンセントとして使用する。CATV用のコンセントは双方向用とする
アナログ電話回線コンセント
一般回線の電話やFAX、デジタルチューナーなどが接続可能

マルチメディアコンセントはデジタル社会の必需品ですね！

# 宅内LANの仕組み

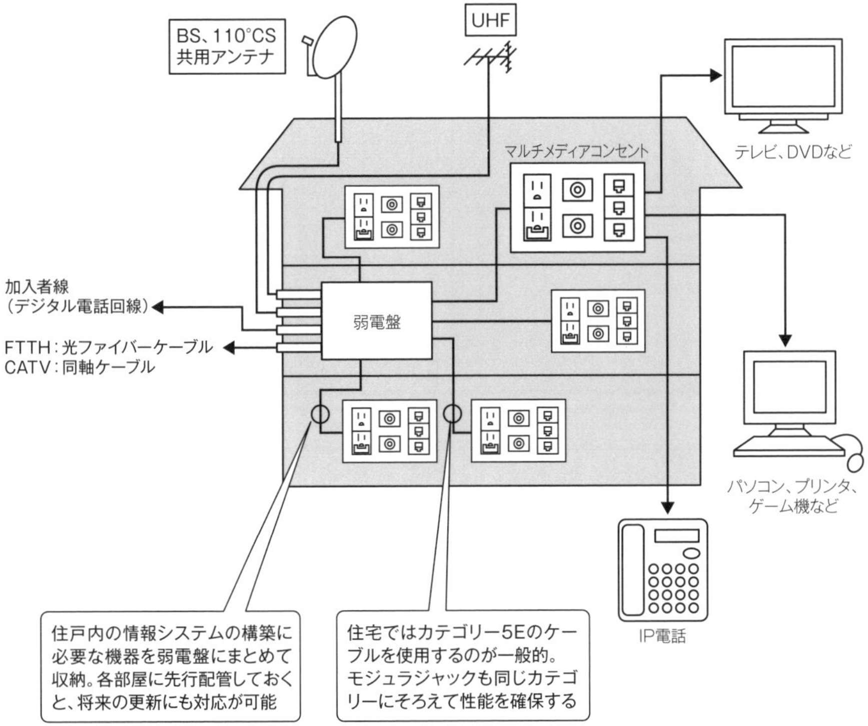

BS、110°CS
共用アンテナ
UHF
マルチメディアコンセント
テレビ、DVDなど
加入者線
（デジタル電話回線）
弱電盤
FTTH：光ファイバーケーブル
CATV：同軸ケーブル
パソコン、プリンタ、
ゲーム機など
IP電話
住戸内の情報システムの構築に必要な機器を弱電盤にまとめて収納。各部屋に先行配管しておくと、将来の更新にも対応が可能
住宅ではカテゴリー5Eのケーブルを使用するのが一般的。モジュラジャックも同じカテゴリーにそろえて性能を確保する

ここ何年かで弱電を使う機器が急速に増えたからな
増設を見越して、弱電盤のスペースは別に確保しておきたいな

舞美さんも同じこと言ってたな…

照明器具の設置
お話し中すみません、所長 蛍光灯きれたみたいなんですけど 買い置きってありましたっけ？
あれ？ ここってまだ蛍光灯を 使っているんですか？
建築事務所だから てっきり最新の 照明器具を使ってるもの だと思ってました
ボクの家も 全部LEDに してもらおうと 思っているんです けど…
あ、オレもLED使おうと 思ってたんすよ なんたって 蛍光灯なんかに比べて はるかに長持ちするし、省エネだし 使わない手はないですから
ふむ…お前のLEDに対する 認識はごく一般的な ものなんだろうが… それは、半分正しくて 半分間違ってるな
え？ どういうこと だよ!!
たしかにLEDのほうが、 白熱球や蛍光灯と比べると はるかに省エネだ
しかし、今でも 白熱球の明かりのほうが、 温かみがあって 好きだという人も少なくない

一般家庭のレベルで比べると、蛍光灯とLEDの消費電力はそんなに差がないと言っていいだろう
え!! そーなの!?
それに、LEDの寿命は半永久的と思っているかもしれないが現状では約10年を目安に光度が落ちて寿命を迎えるといわれている
もちろん、品質や使い方によってそれまでにきれてしまうものも当然ある
そ…そうなんですね…全然知りませんでした…
確かに、LEDの進化や器具の普及には、目まぐるしいものがあるけれど、器具のバリエーションも限られていて、高価なものもある
それと、蛍光灯は2027年に大手の照明メーカーが生産中止を発表しているから、
これからの照明器具の選定はいっそう難しくなってくる。今後の動向をよく見て照明器具を選ばないとならない
はー そっか…

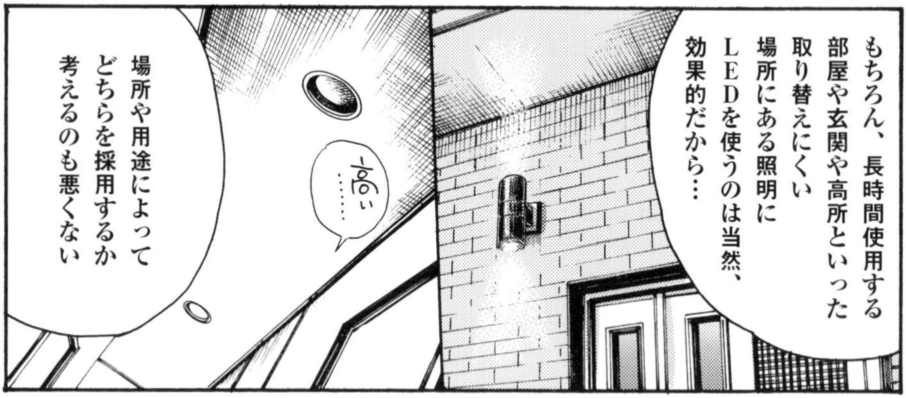


## 同じ明るさに対するワット数と照明効率（lm/W）の比較

| 白熱灯 | 蛍光灯 | LED灯 |
|---|---|---|
| 40W<br>（11 lm/W） | 9W<br>（60 lm/W） | 7W<br>（80 lm/W） |
| 60W<br>（12 lm/W） | 13W<br>（60 lm/W） | 9W<br>（90 lm/W） |
| 42W<br>（14 lm/W） | 27W<br>（65 lm/W） | — |

（　）内はlm/W（ルーメン/ワット）の数値

●lm/W（ルーメン / ワット）とは

光源から出る可視光線の量（光束）はlm（ルーメン）という単位で表されます。

lm/W は、消費電力 1W あたり、どれくらいの量の光が出るのかを表す効率の単位で、数値が高いほど省エネになります。lm/W は、照明器具の経済性を考える一つの目安になります。

…なんだ、あいつ急にやる気を出して
あーたぶん安部さんの娘さんに言われたあれが原因じゃないですかね
今度、図面見せてよ電気系でわかんないことあったら、私がいくらでも教えてあげるから
はい……
建太さん意外に年上が好きですからねー
ほー、建太くんもすみにおけないですねーどーします？ その娘さんと結婚なんてことになったら
いやー、でもそれは安部さんがだまってないですよねー
いやー、まあ…いいっちゃーいいんだけど…
安部ちゃんの娘が男っ気ないの安部ちゃんだけのせいじゃないからな…

ちょっとあんたー!何なのよ、これー!!
……
住宅用火災警報器がどこにも描いてないじゃない!!
設置が義務化されてることも知らないの!!
ヒック
やり直しよ、やり直し!
す、すみません…
舞美さん…何でそんな酒グセ悪いの…

# 住宅用火災警報器の取付位置

●天井に設置する場合

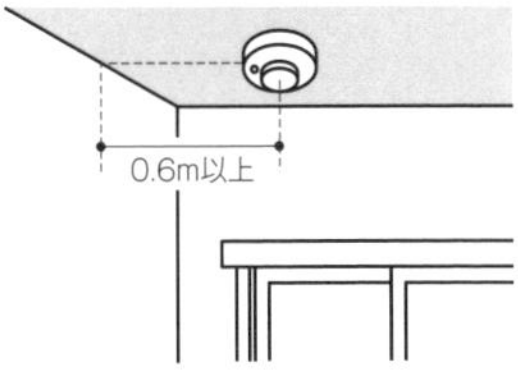
0.6m以上

警報器の中心を壁から
0.6m以上離す

※ 熱を感知するものは0.4m以上離す

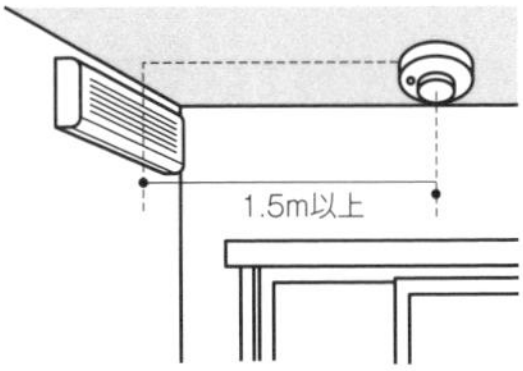
1.5m以上

エアコンなどの吹出し口がある場合は、
吹出し口から1.5m以上離す

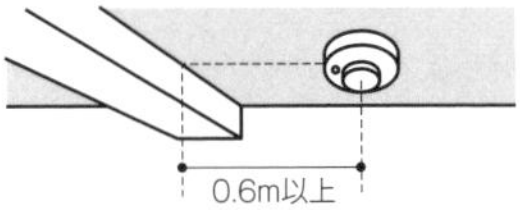
0.6m以上

0.6m以上出っ張っている梁などがある場合は、梁から0.6m以上離す

※ 熱を感知するものは、0.4m以上出っ張っている梁などから0.4m以上離す

●壁に設置する場合

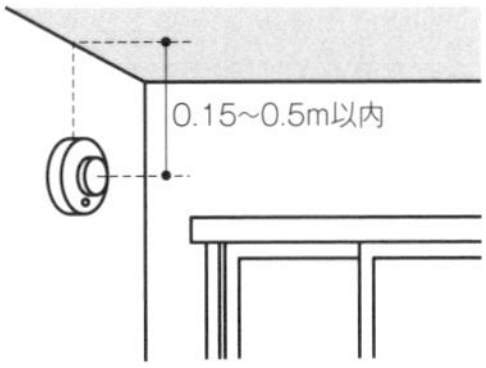
0.15~0.5m以内

警報器の中心が天井から0.15~0.5m
以内の位置に取り付ける

# 設置する部屋

### ❶ 寝室

普段の就寝に使われる部屋に設置する。
子供室や老人室なども、就寝に使われている場合は対象となる

### ❷ 階段

寝室がある階（屋外に避難できる出口がある階を除く）の階段最上部に設置する

### ❸ 3階建て以上の場合

上記❶❷のほか、

①寝室がある階から、2つ下の階の階段（屋外に設置された階段を除く）に設置する（当該階段の上階の階に住宅用火災警報器が設置されている場合を除く）

②寝室が避難階（1F）にしかない場合は、居室がある最上階の階段に設置する

●2階建て

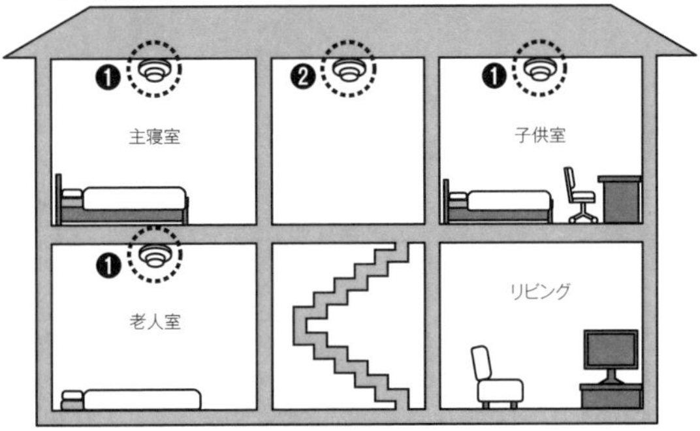
❶
❷
❶
主寝室
子供室
❶
老人室
リビング

●3階建て

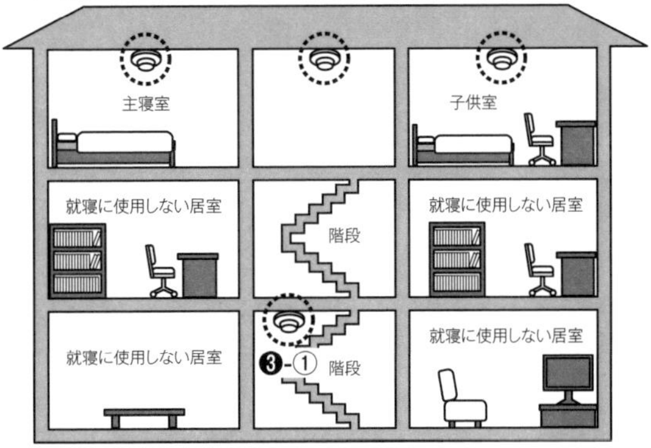
主寝室
子供室
就寝に使用しない居室
階段
就寝に使用しない居室
就寝に使用しない居室
❸-①
階段
就寝に使用しない居室

各市町村の条例により、
別途設置場所が決められて
いるので、詳細は所轄の
消防署へ問い合わせてほしい

# 電灯図（1F）

照明計画をもとに、動線上の適切な位置に、使い勝手のよいスイッチを配置。照明器具は、姿図とランプの種類、ワット数を決めて記載する。換気扇の電源とスイッチも電灯図に記載するとよい

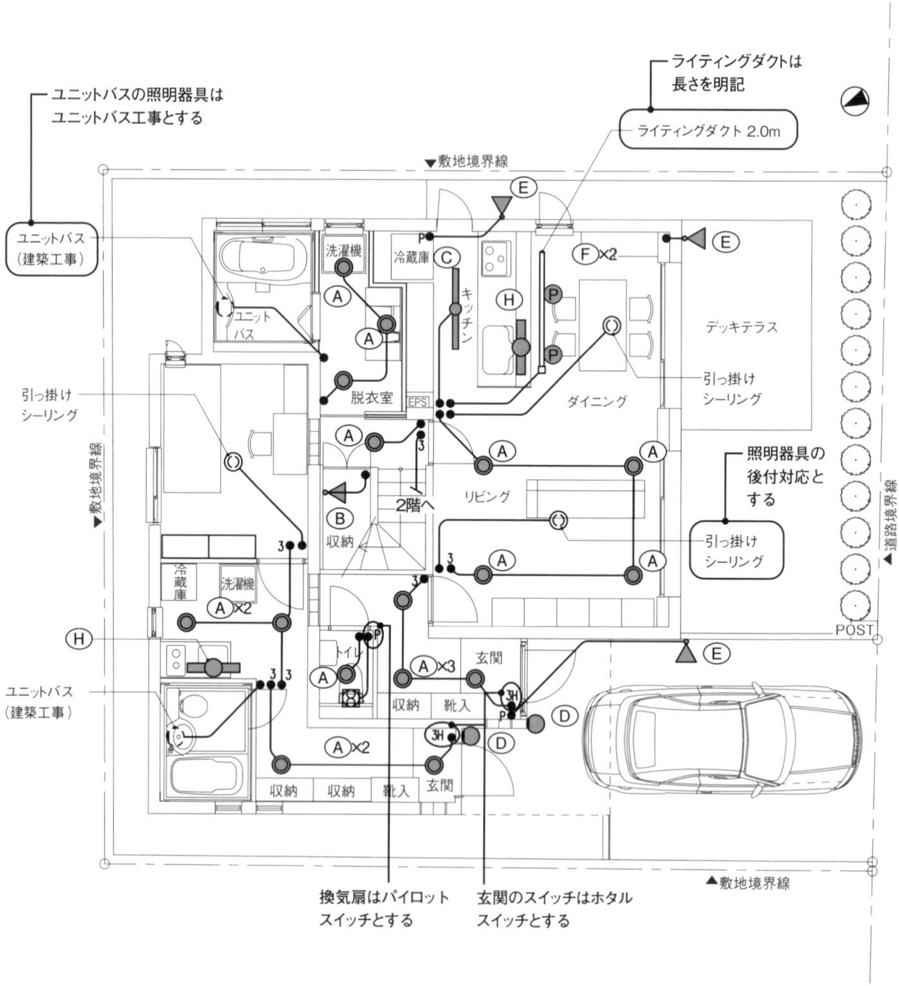


Ⓕ
ペンダントライト

Ⓖ
ブラケットライト

Ⓗ
キッチンライト

Ⓘ
直付形蛍光灯

Ⓙ
スポットライト

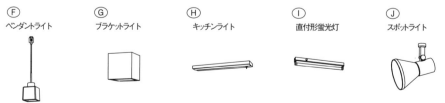

# 電灯図（2F）

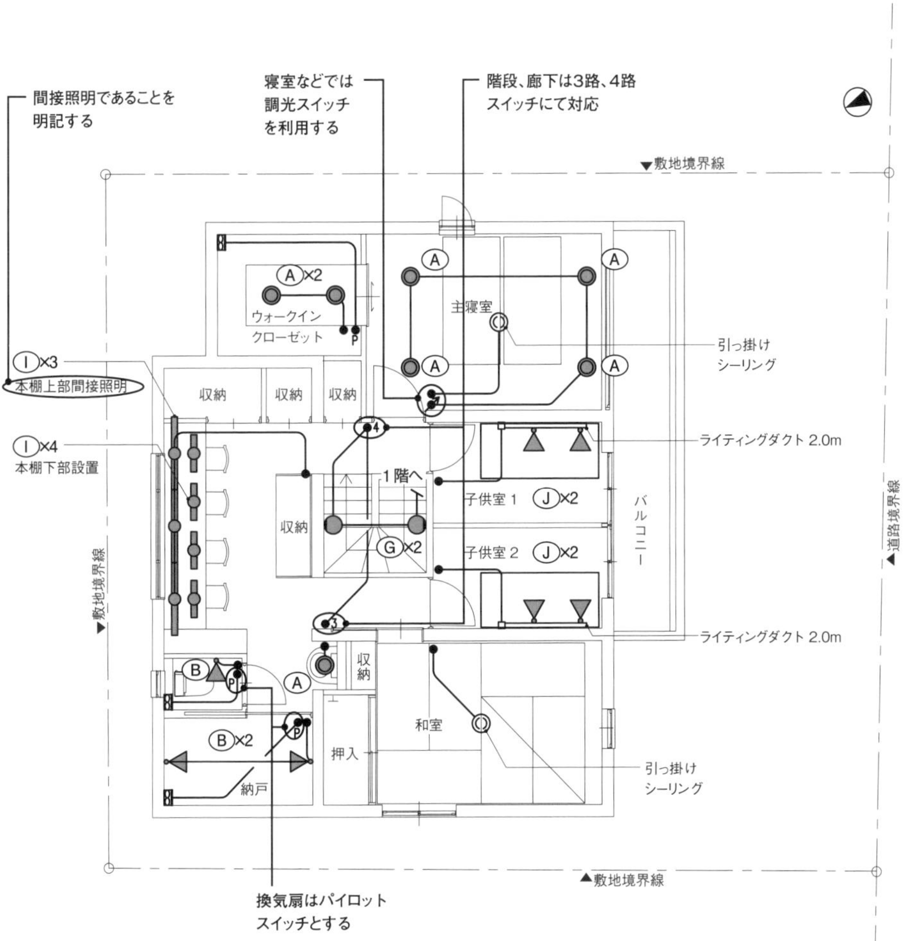


## 照明姿図

電球の種類やワット数、灯色なども明記するとよい

Ⓐ ダウンライト

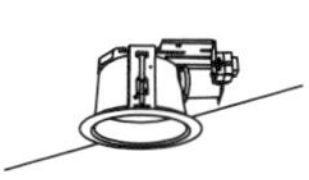

Ⓑ スポットライト

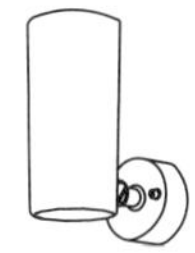

Ⓒ キッチンベースライト

Ⓓ 屋外用ブラケットライト

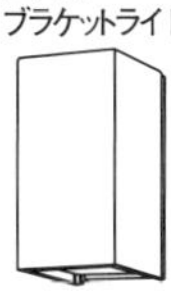

Ⓔ 屋外用スポットライト

# 弱電図（1F）

テレビ、電話、パソコン、インターホンの位置を設定し配置する。一般的にはコンセントと弱電アウトレットが一体となったマルチコンセントを採用する

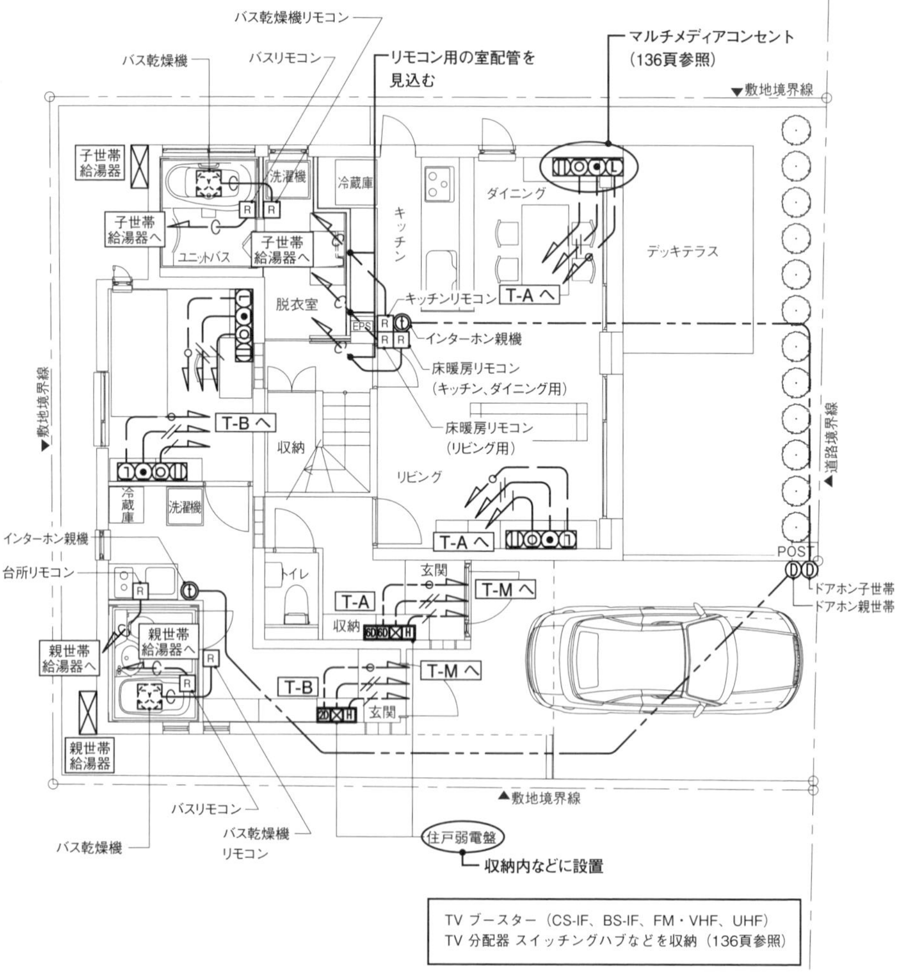

# 弱電図（2F）

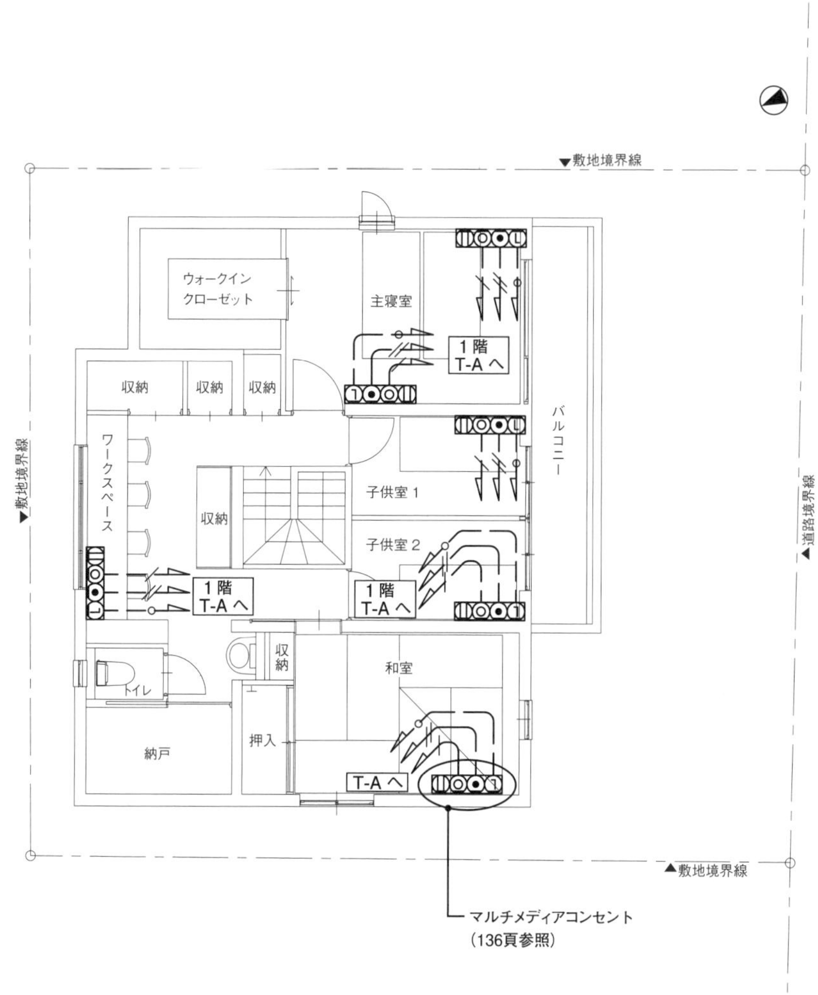


凡例

| | | | | |
|---|---|---|---|---|
| LAN | CAT5e 0.5-4P | (PF16 ) | ◎ | テレビアウトレット |
| 電話 | ICT 0.5-2P | (PF16 ) | ⊙ | 電話アウトレット |
| TV | S5C-FB | (PF16 ) | Ⓛ | インターネットアウトレット |
| 給湯リモコン | 空配管 | (PF16)呼線共 | | |

# 幹線図

電力・弱電（テレビ・電話・光ケーブル）の引き込み方向や引き込み位置を決める。引き込み点から分電盤、弱電盤までの一次側配線のルートを幹線と呼ぶ。引込柱を使用して引き込む場合は、通常、幹線は地中埋設となる

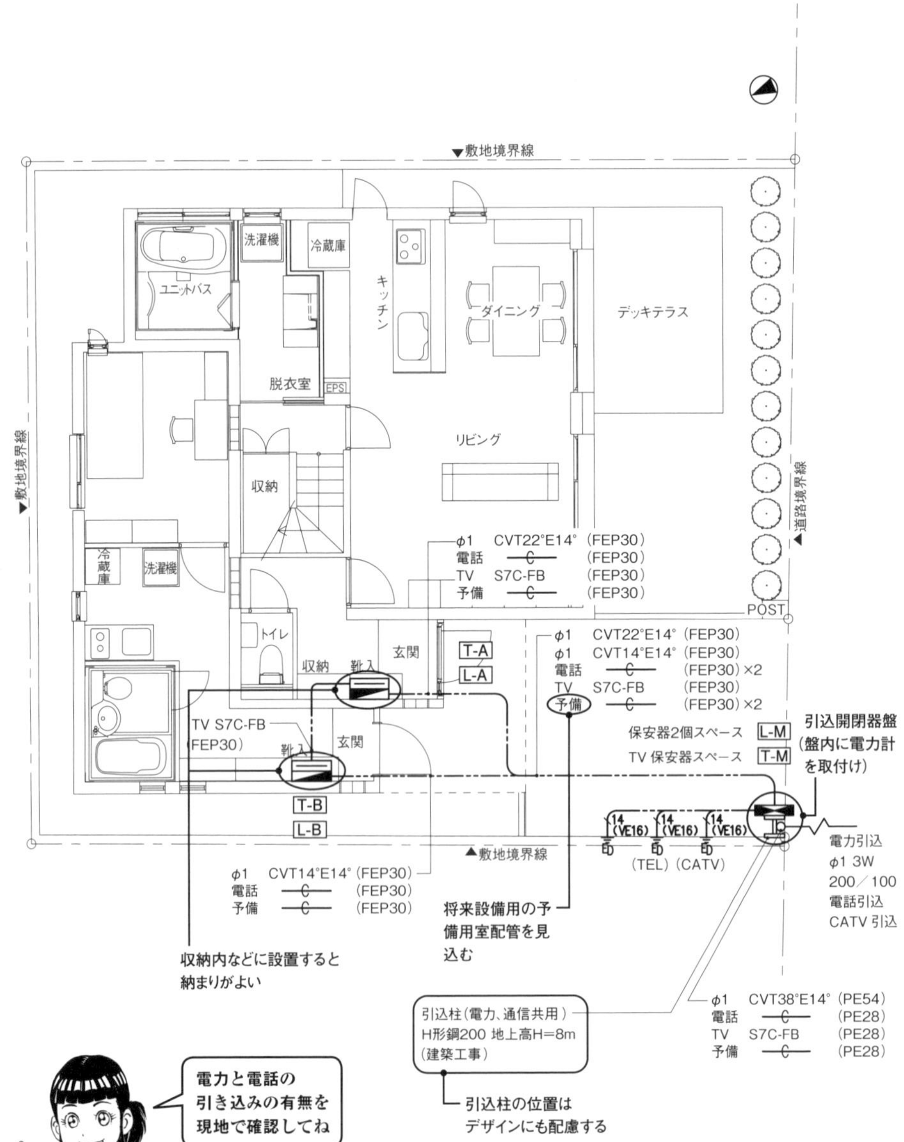

第5話 省エネ設備の計画

# 新しければよいというものでも

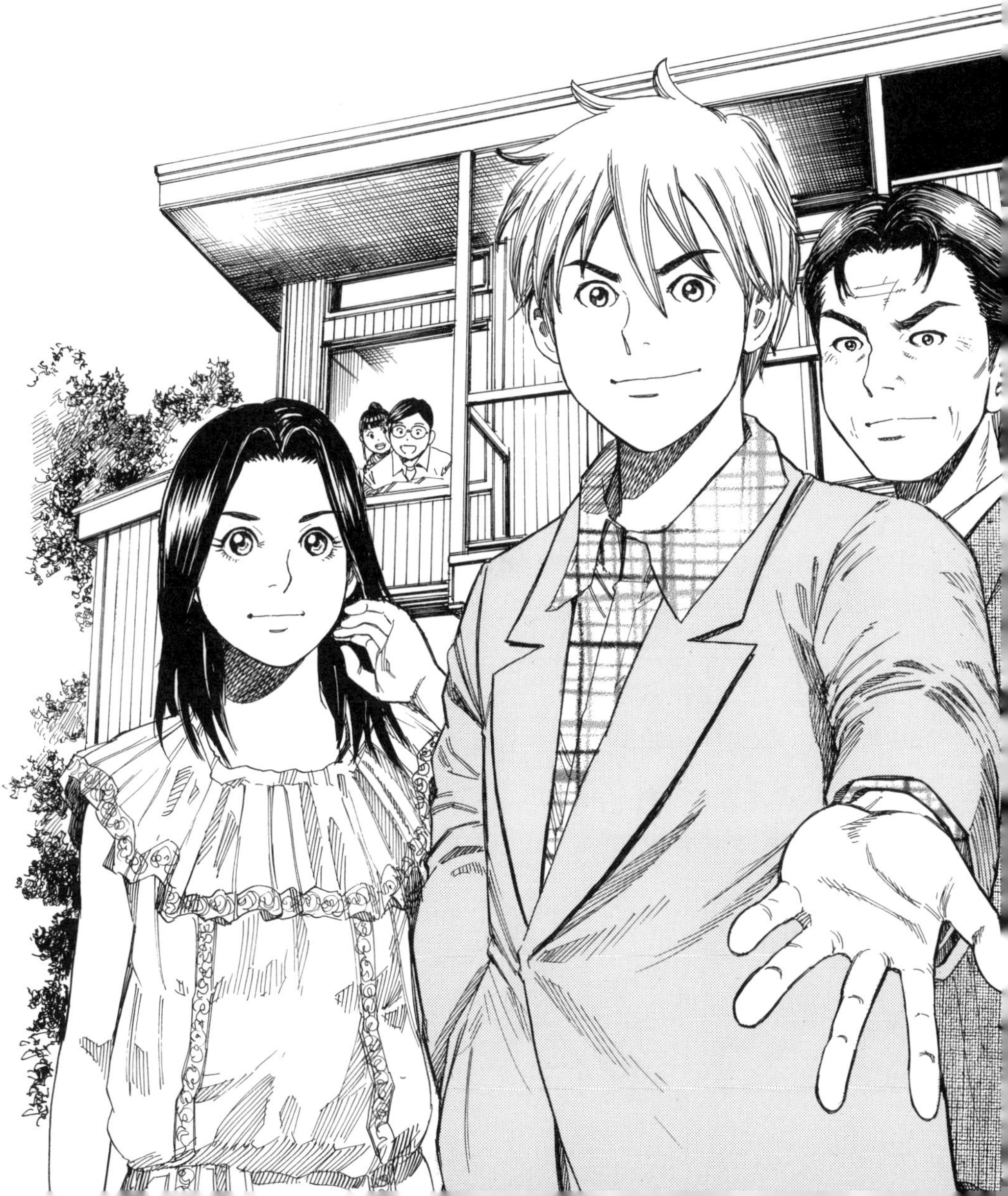

姉ちゃんが家を建ててほしいと言ったとき、オレに注文したのはこれだけだった
はぁ…
ほんと、イヤになるわ…今、借りてるマンション毎月の光熱費バカ高くてさー
ははっ、姉ちゃん、昔っから同じこと言ってるよな
当たり前じゃないの！家計を預かる主婦としては死活問題なのよ
それに、子供の健康のことを考えるとエアコンとかファンヒーターとかあんまり使いたくないのよね
だからさあ体にやさしくて、なおかつ省エネな家、こういうのってできないのかな？

へー、友子ちゃんまた難しい注文つけてきたもんだな
で？建ちゃんの考える省エネな家ってどういう家なんだい？
そうだな…たとえば太陽光発電と、蓄電だろ…
電気代節約のために大きな窓つけて太陽の光をたくさん採り入れたり…
あ 緑のカーテンもあるか それに、雨水《うすい》を使えば水道代かかんないし
それから高性能な遮熱《しゃねつ》塗料もいいよね

電気代のかかる冷暖房費を抑えるには、少ないエネルギーで効率よく冷暖房を効かせることが大切だろ？
そのためには建物自体の断熱性が最重要になるよね いやー、今ってさすごいもんがあるんだよねー
なんと、某国の宇宙開発技術がつまった遮熱塗料なんてのがあるんだぜ
ゴゴ
ゴゴ
今回はこれを使って姉ちゃんの家の「断熱問題」を一発で解決しようと思ってる
はぁ〜
………
…なんだ、この絵に描いたような深いため息は……
遮熱塗料で断熱とは…
お前、根本的に断熱と遮熱の違いがわかってないだろ
え？ 違いって… だって、どっちも熱を伝えなくするもんだろ？

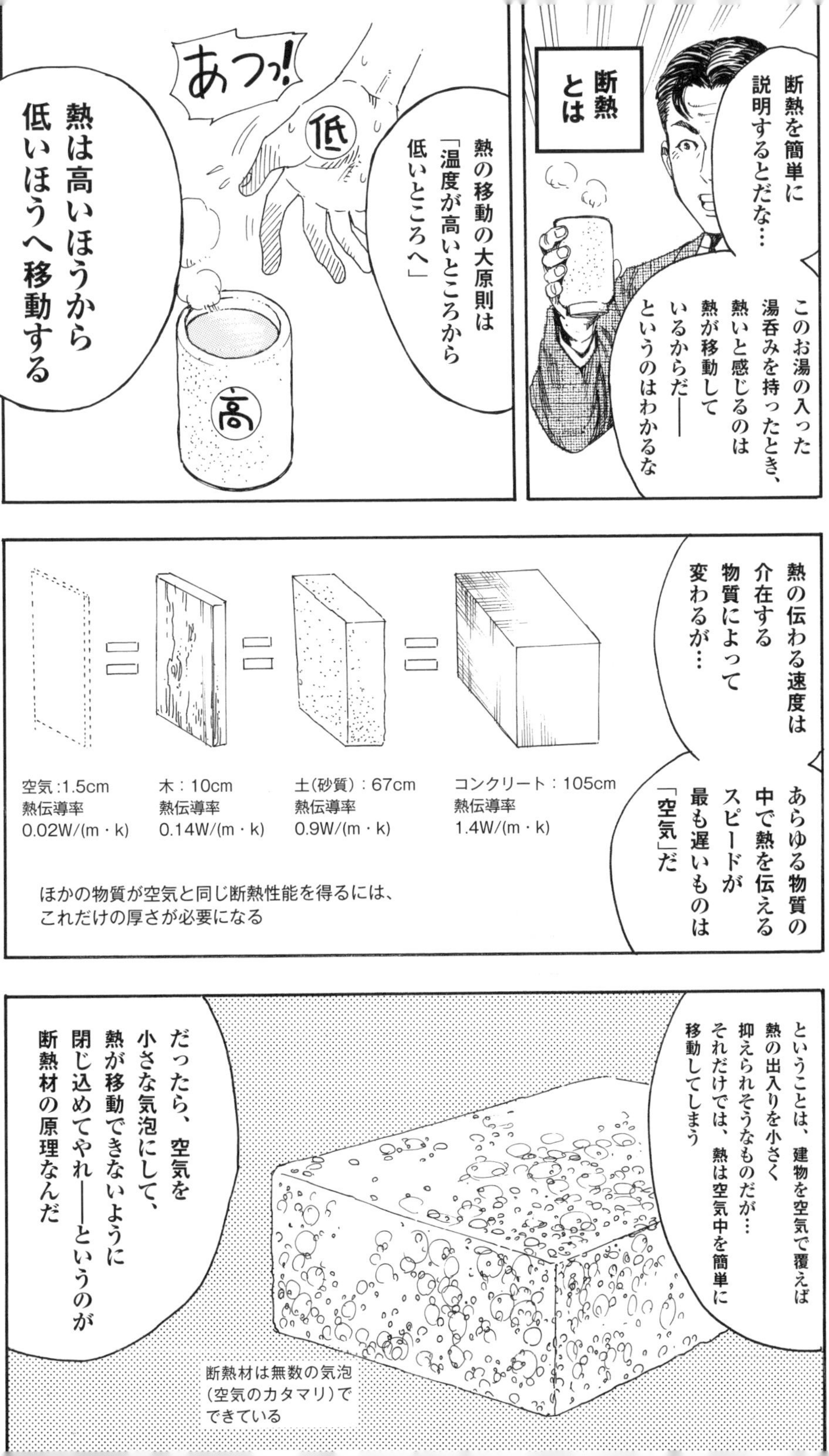
断熱とは
断熱を簡単に説明するとだな…
このお湯の入った湯呑みを持ったとき、熱いと感じるのは熱が移動しているからだ——というのはわかるな
熱の移動の大原則は「温度が高いところから低いところへ」
あつっ!
低
高
熱は高いほうから低いほうへ移動する
熱の伝わる速度は介在する物質によって変わるが…
あらゆる物質の中で熱を伝えるスピードが最も遅いものは「空気」だ
空気:1.5cm 熱伝導率 0.02W/(m・k)
木：10cm 熱伝導率 0.14W/(m・k)
土(砂質)：67cm 熱伝導率 0.9W/(m・k)
コンクリート：105cm 熱伝導率 1.4W/(m・k)
ほかの物質が空気と同じ断熱性能を得るには、これだけの厚さが必要になる
ということは、建物を空気で覆えば熱の出入りを小さく抑えられそうなものだが…それだけでは、熱は空気中を簡単に移動してしまう
だったら、空気を小さな気泡にして、熱が移動できないように閉じ込めてやれ——というのが断熱材の原理なんだ
断熱材は無数の気泡(空気のカタマリ)でできている

ゆえに、壁、床、天井、屋根などにたくさん空気(=断熱材)を詰めておくと、夏は熱の侵入を、冬は熱の流出を防ぐことができる
空気(気泡)
熱
くっ……進まねぇ……!
断熱材
ただ、断熱材は熱を遮断するのではなく、**熱の移動を遅らせる**もの
役割としては室内の急激な温度変化を防ぐためのものだ
そうだな、熱はゆっくり動いている間にエネルギーを失っていくから
結果、熱エネルギーの出入りが小さくなるんだ
なるほど……
それはそうと断熱材って、充填(内張り)と外張り、どっちがいいって話によくなるけど…
ああ、それについては計算上はどちらも断熱性能は変わらないというのが正解だ
え? そうなの!!
ただし、内張りは施工手間がそれほどかからないものの、施工する人間の技術や精度によって効果が左右されやすい
一方の外張りは、建物を断熱材で覆ってしまうから気密性の確保には有利だがコストは割高になる傾向だ
外張り
充填(内張り)

## 断熱工法の種類

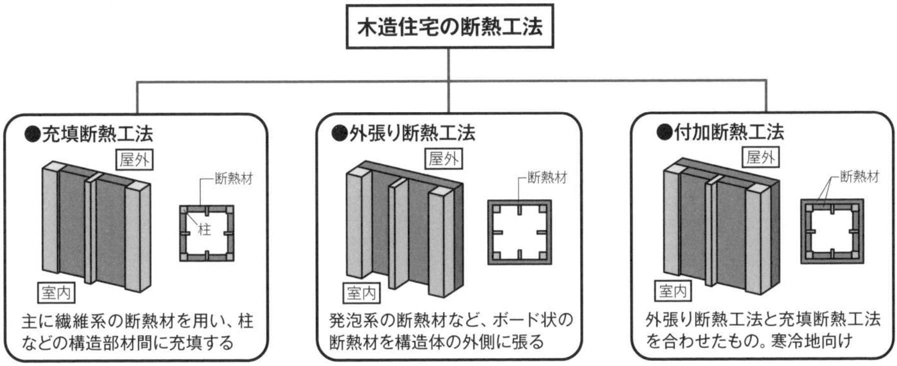
木造住宅の断熱工法
●充填断熱工法
屋外
断熱材
柱
室内
主に繊維系の断熱材を用い、柱などの構造部材間に充填する
●外張り断熱工法
屋外
断熱材
室内
発泡系の断熱材など、ボード状の断熱材を構造体の外側に張る
●付加断熱工法
屋外
断熱材
室内
外張り断熱工法と充填断熱工法を合わせたもの。寒冷地向け

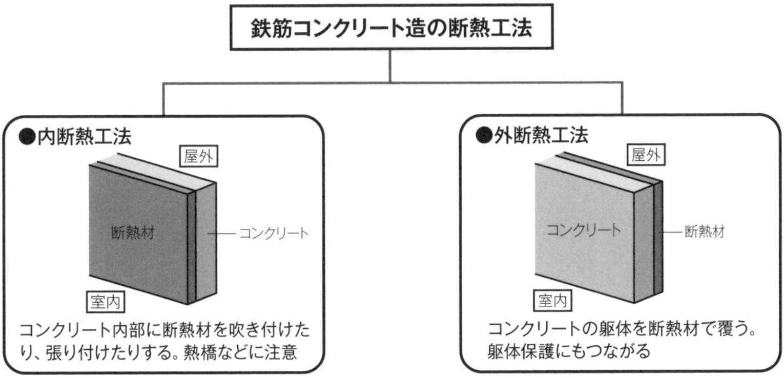
鉄筋コンクリート造の断熱工法
●内断熱工法
屋外
断熱材
コンクリート
室内
コンクリート内部に断熱材を吹き付けたり、張り付けたりする。熱橋などに注意
●外断熱工法
屋外
コンクリート
断熱材
室内
コンクリートの躯体を断熱材で覆う。躯体保護にもつながる

木造住宅の場合、断熱工法には柱と柱の間に繊維系断熱材を挟み込む「充填断熱工法」と、柱や梁の外側にボード状断熱材を張る「外張り断熱工法」、この2つを合わせた「付加断熱工法」の3つがあります。

充填断熱工法は、施工の精度によって断熱性能が左右されるものの、ローコストで施工できます。

外張り断熱工法は、コストが割高になるものの、建物全体を断熱材で覆ってしまうため、熱損失が生じにくく、気密性も高まります。

鉄筋コンクリート造の場合は、躯体の内側に断熱層を設ける「内断熱工法」と、躯体の外側に断熱材を張る「外断熱工法」があります。内断熱工法はローコストですが、断熱材が連続しない熱《ねっ》橋《きょう》部分で温度差が生じ、断熱材と躯体の間で結露が生じる可能性があります。特にコンクリートは熱を伝えやすいため、断熱欠損個所には適宜断熱補強をする必要があります。一方、外断熱工法は、断熱材で外部を連続して包み込むため、熱橋ができにくく躯体保護にもつながりますが、コストは比較的割高になる傾向にあります。

施工に不備があると気づかないうちに建物内部で結露が生じ、カビやダニが発生してぜんそくやアレルギーの原因になったり、木造では建物の構造材自体を腐らせてしまうこともある
うわ!! なんだこれ!? 壁の中がカビだらけだ!
むしろ、内か外かの選択がシビアに問われるのは、コンクリート打放しの建物だろう
え? そーなの
コンクリートには、「暖まりにくく、冷めにくい」という性質がある
外断熱を選択すると夏はコンクリートに冷房の冷気を奪われ、なかなか涼しくならない
逆に、冬は暖房を入れてもなかなか暖まらない
なんだよ、それじゃ内断熱のほうが絶対いいじゃん
いや、一概にそうとも言えない 冬はいったん室温が上がれば機器を止めてもコンクリートの「蓄熱性」のおかげで室温が下がりにくいから…
一日中誰かが家にいて常に冷暖房機器が必要な家庭には外断熱のほうが向いているとも言える
要は、そこに住む人のライフスタイルに合わせて選ばなければならないということだ
なるほど

さて、問題の遮熱だが…
えっ問題？
熱の移動に抵抗する断熱材に対して…
遮熱とは
遮熱材は太陽光に含まれる光線の中で最も熱的作用が大きい赤外線（熱線）を反射して、室内の温度上昇を防ぐものだ
この2つは似ているが基本的な役割は異なる
うん
…わかってねーな…こいつ
そーだな、わかりやすく言うとサッカーの守備の要《かなめ》であるゴールキーパーがボール（熱）をキャッチして守るのが断熱、パンチングではじき返すのが遮熱って具合かな
断熱
熱
遮熱
熱
あーなるほど

## 遮熱の仕組み

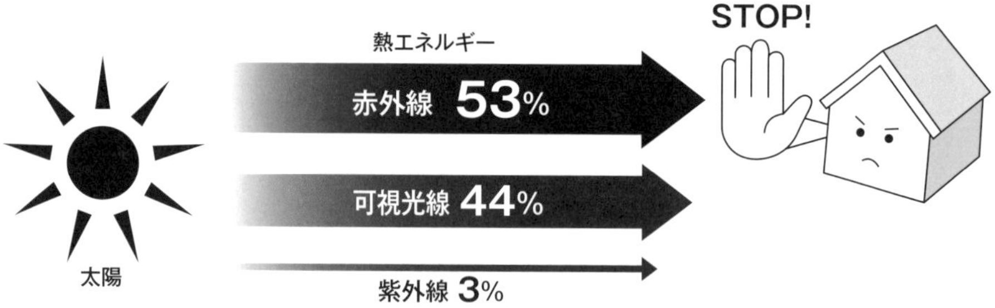
STOP!
熱エネルギー
赤外線 53%
可視光線 44%
紫外線 3%
太陽

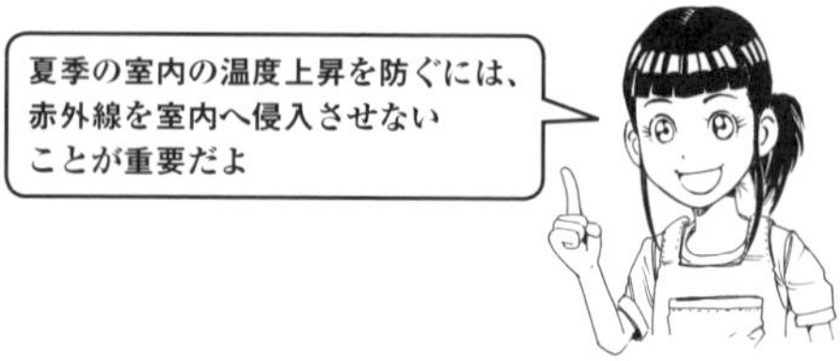
夏季の室内の温度上昇を防ぐには、
赤外線を室内へ侵入させない
ことが重要だよ

## 遮熱材の種類

●**遮熱塗料**　主に、屋根や外壁の赤外線の反射率を高める。白色が最も効果がある。

●**遮熱フィルム**　窓から侵入する赤外線をカットする。赤外線の吸収タイプと反射タイプがある。

●**Low-E（低放射）ガラス**　ガラスに特殊な金属膜のコーティングを施し、可視光線は通しながら、紫外線や赤外線の透過を防ぐ。複層ガラスとして使用し、複合サッシや樹脂・木製サッシなどと組み合わせることで、高い断熱性能を発揮する。

## 遮熱塗料

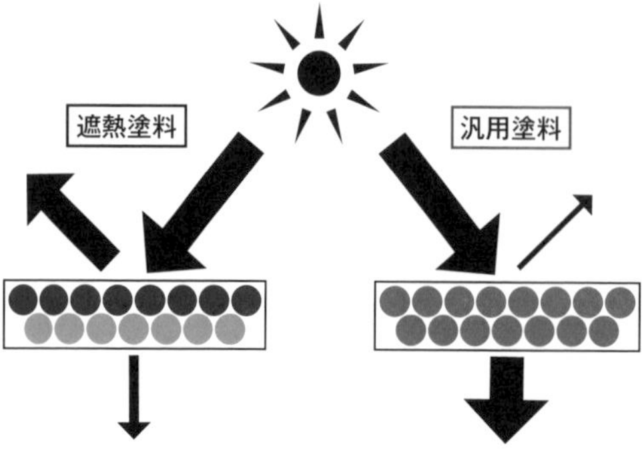
遮熱塗料
汎用塗料

遮熱塗料が近赤外線（熱線）領域の波長の光線を反射し、透過する熱量を減少させる

## Low-E（低放射）ガラス

●日射侵入率

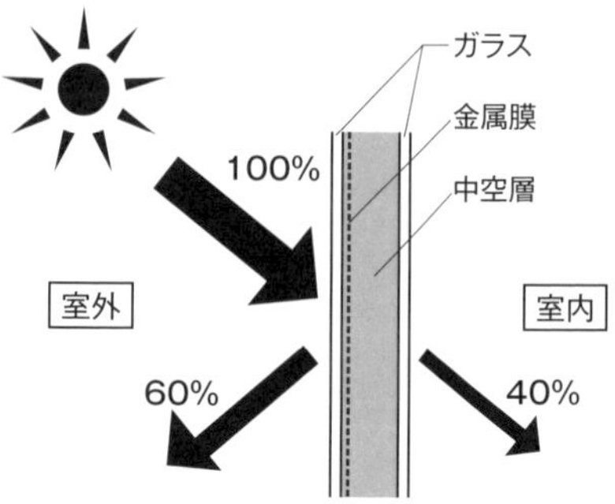
ガラス
金属膜
中空層
100%
室外
室内
60%
40%

つまり、遮熱材は断熱材と似てはいるがそれ単体では決して断熱材の代わりにはならないということだ
断熱材と併用することで初めて大きな効果が発揮されるもの、それが遮熱材だ
え？でも、オレの見た広告には断熱材◯ミリの厚さと同等の効果って書いてあったけど…
だから、役割が違うんだよ
ボールをキャッチする技術がなくて、パンチングばっかじゃ相手の攻撃は防げないだろ
そういう広告の謳い文句を間違って解釈して…
はあ…
断熱材は必要ない遮熱材だけで十分だと思っている人はお前以外にもけっこういるまったく困ったものだよ

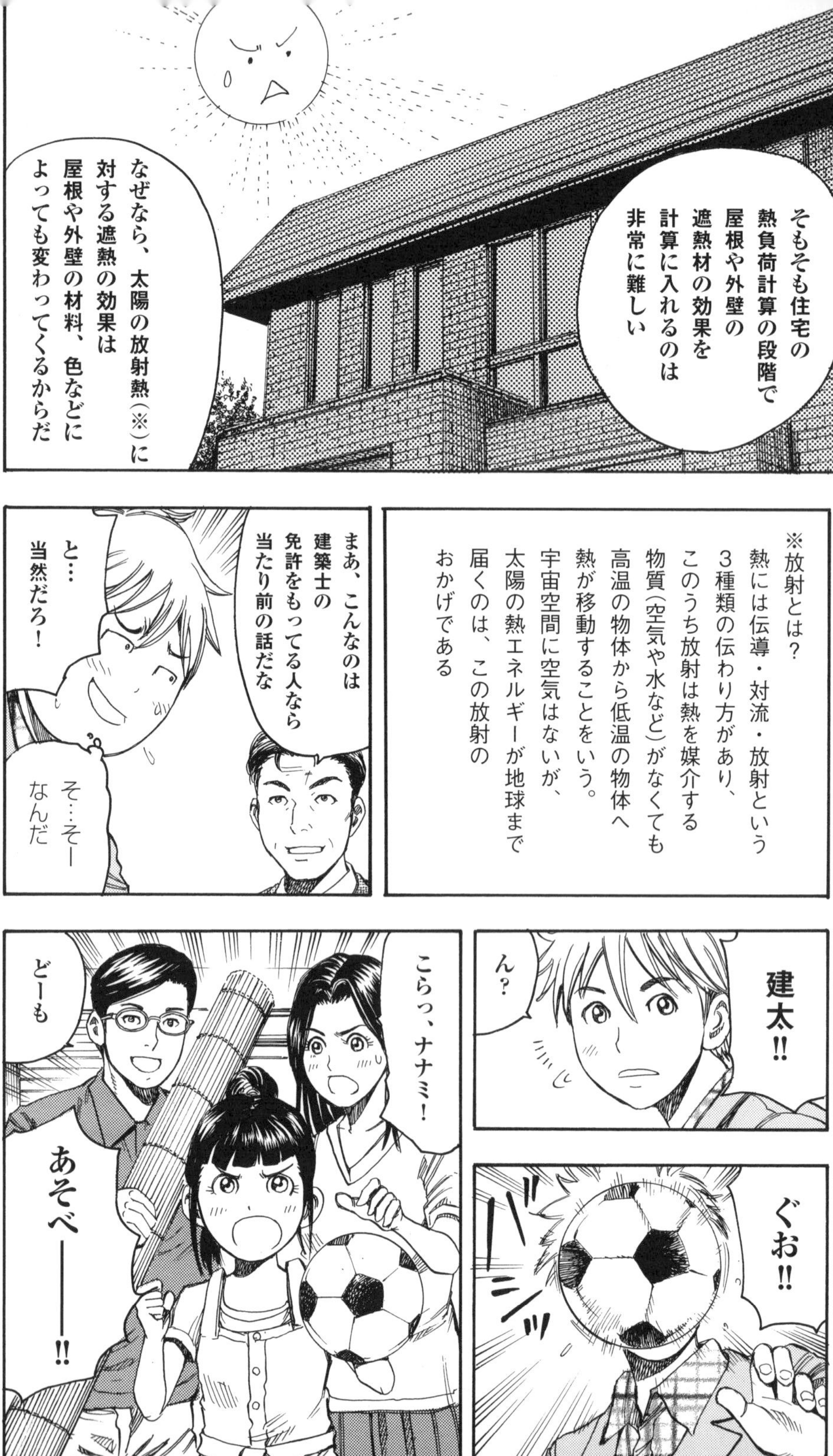
そもそも住宅の熱負荷計算の段階で屋根や外壁の遮熱材の効果を計算に入れるのは非常に難しい
なぜなら、太陽の放射熱（※）に対する遮熱の効果は屋根や外壁の材料、色などによっても変わってくるからだ
※放射とは？
熱には伝導・対流・放射という3種類の伝わり方があり、このうち放射は熱を媒介する物質（空気や水など）がなくても高温の物体から低温の物体へ熱が移動することをいう。宇宙空間に空気はないが、太陽の熱エネルギーが地球まで届くのは、この放射のおかげである
まあ、こんなのは建築士の免許をもってる人なら当たり前の話だな
と…当然だろ！
そ…そーなんだ
建太!!
ん？
ぐお!!
こらっ、ナナミ！
どーも
あそべ———!!

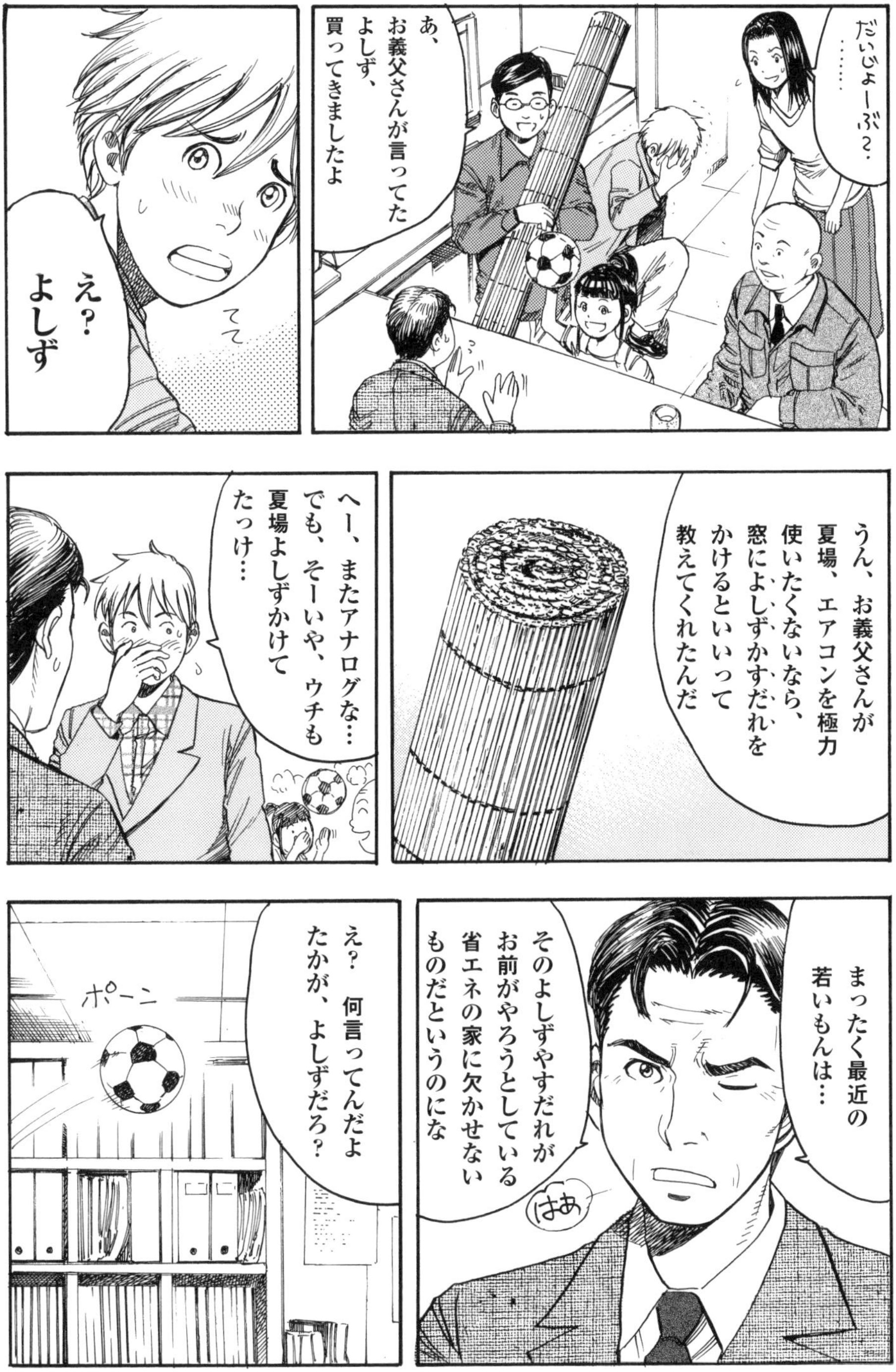
だいじょーぶ？
……
あ、お義父さんが言ってたよしず、買ってきましたよ
え？よしず
てて
うん、お義父さんが夏場、エアコンを極力使いたくないなら、窓によしずかすだれをかけるといいって教えてくれたんだ
へー、またアナログな…でも、そーいや、ウチも夏場よしずかけてたっけ…
まったく最近の若いもんは…
そのよしずやすだれがお前がやろうとしている省エネの家に欠かせないものだというのにな
はあ
え？ 何言ってんだよたかが、よしずだろ？
ポーン

住宅の中で最も熱の出入りが激しい場所はどこだ？
え？ それは窓だろ？
そのとおりだ
ポコッ
あっ
ゆえに、窓の断熱をおろそかにすれば必要以上に冷暖房機器に頼らなければならない家ができてしまう
窓の断熱が手薄な家はゴールキーパーなしでサッカーをやっているようなものだ
パシッ
点はとられ放題 熱は出入りし放題 お前の考えている大きな窓の家は要注意だな

## 窓からの熱損失

夏季の冷房時（昼）に開口部を介して熱が流入する割合 **73%**

冬季の暖房時に開口部を介して熱が流出する割合 **58%**

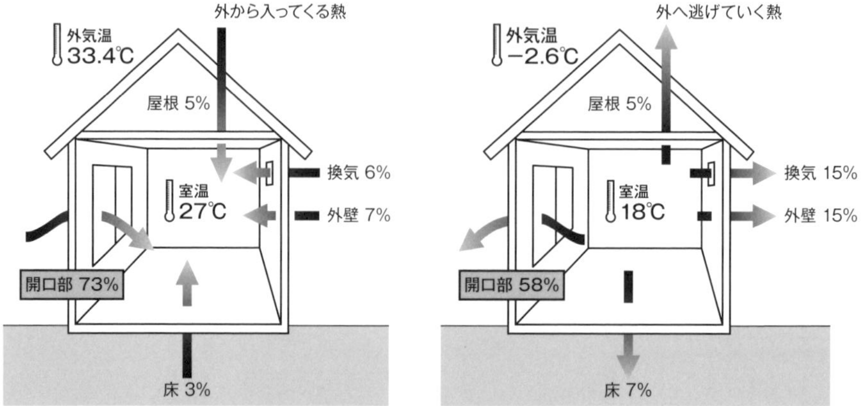
外から入ってくる熱
外気温
33.4℃
屋根 5%
換気 6%
室温
27℃
外壁 7%
開口部 73%
床 3%
外へ逃げていく熱
外気温
−2.6℃
屋根 5%
換気 15%
室温
18℃
外壁 15%
開口部 58%
床 7%

注　1992年当時の省エネルギー基準による住宅モデル。窓はアルミサッシと単板ガラスの場合

へー、窓ってそんなに大事なところだったのね…
そ、それじゃ具体的にどーすりゃいいんだよ
まあ、真っ先に思いつくのは性能のいいガラスやサッシを使うことだな 窓枠は断熱性に優れた樹脂や木製などのもの
ガラスは、中空層を設けた複層ガラスやLow-E（低放射）ガラスを使ってやるといい
日射遮蔽《にっしゃしゃへい》とは
それから、もう1つ夏場に重要になってくるのが日射遮蔽だ
日射遮蔽って要するに庇《ひさし》とかブラインドのことですよね
ああ、ただ、これも取り付けただけでは効果がないんだ
庇は太陽光が入りやすい南側の窓に設けることにより、視界を妨げることなく日射熱の負荷を低減してくれる
また、大きさや角度に注意して設置すれば、太陽高度の高い夏の日射を遮蔽しながらも、太陽高度の低い冬の日射は妨げずに日照を確保できる
それからブラインドをつけるなら室内よりも室外だ 室内に熱が入る前に遮蔽する分熱の影響を軽減できる
夏の日射遮蔽は最も基本的かつ省エネ効率の高い設計手法の1つだ

## 庇による日射遮蔽

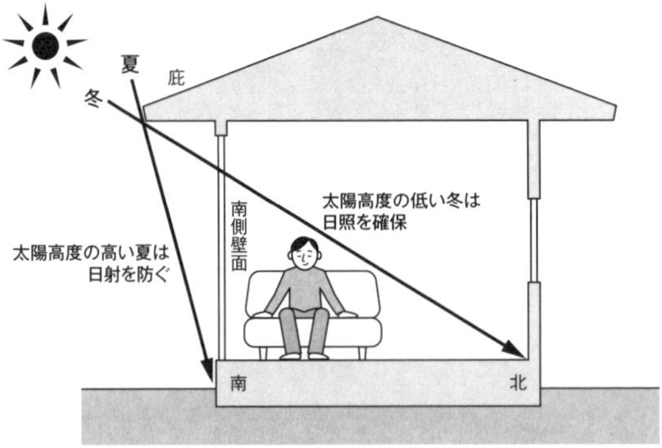

夏
冬
庇
太陽高度の低い冬は
日照を確保
南側壁面
太陽高度の高い夏は
日射を防ぐ
南
北

日射遮蔽率が高い
外付けブラインドは主に
ヨーロッパで普及しているよ


## ブラインドの日射遮蔽効果

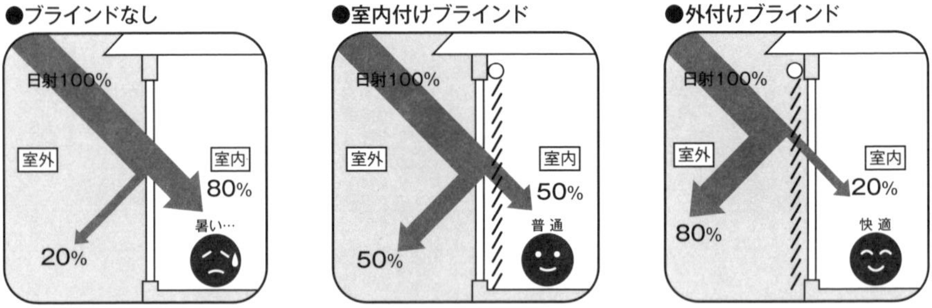

●ブラインドなし
日射100%
室外
室内
80%
20%
暑い…
●室内付けブラインド
日射100%
室外
室内
50%
50%
普通
●外付けブラインド
日射100%
室外
室内
20%
80%
快適


注　6㎜透明板ガラス使用時の値

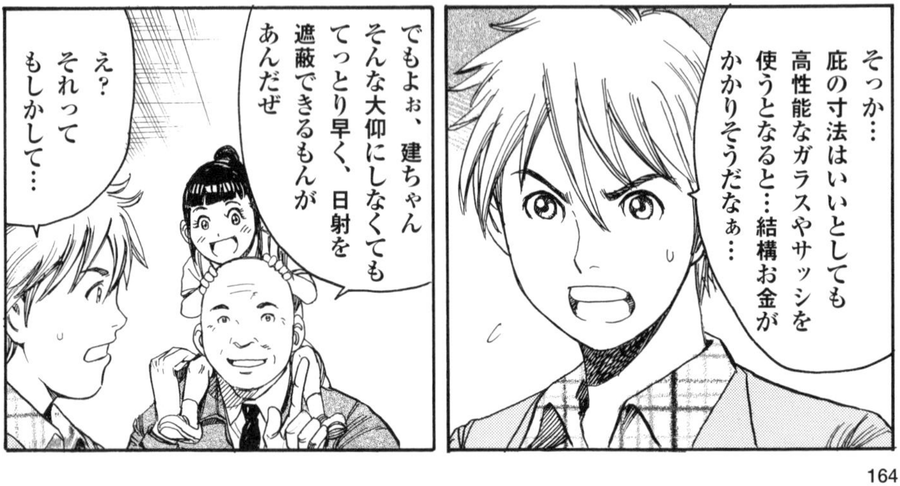

そっか…庇の寸法はいいとしても高性能なガラスやサッシを使うとなると…結構お金がかかりそうだなぁ…
でもよぉ、建ちゃん そんな大仰にしなくてもてっとり早く、日射を遮蔽できるもんがあんだぜ
え？それってもしかして…

そうだ　よしずや　すだれだ
え？
高性能なガラスや内部ブラインドよりも窓の外によしずやすだれをおいてやるほうが、はるかに高い遮熱性能を発揮する場合は多い
要は、外付けブラインドの代わりというわけだが低コストなのに、遮熱効果は絶大で、しかもメンテナンスの手間がかからない
もちろん、Ｌｏｗ－Ｅガラスみたいな高性能ガラスと併用して使えば効果はさらにアップする
それと、省エネ法の改正によって、２０２５年から確認申請が必要な全ての規模の建物に省エネ判定が必要になった。建物の断熱性に対する知識がこれからは必須となる

# 改正建築物省エネ法の概要

## ●令和4年改正建築物省エネ法について

2025年4月以降に着工する建築物は、規模に関わらず、すべての住宅および小規模建築物を対象に省エネルギー基準の適合を義務化することが決まった。
これにより、今までの確認申請業務のなかに「省エネルギー基準適合確認」が新たに加わることとなる。当然だが、設計建物がこの基準を満たしていない場合は、申請を下すことはできない。

### 現行制度からの変更点

| | 現行制度 | |
|---|---|---|
| | 非住宅 | 住宅 |
| 大規模（2000㎡以上） | 適合義務 | 届出義務 |
| 中規模（300㎡以上） | 適合義務 | 届出義務 |
| 小規模（300㎡未満） | 説明義務 | 説明義務 |

2025年4月以降 →

| 改正（2025年4月以降） | |
|---|---|
| 非住宅 | 住宅 |
| 適合義務 | 適合義務 |
| 適合義務 | 適合義務 |
| 適合義務 | 適合義務 |

## ●2030年までに省エネ基準をZEH・ZEBまで引き上げ予定

2030年までにZEH・ZEBの水準の省エネ性能の確保を目指す。後の語2050年までに継続的に見直しを行い、ストック平均でZEH・ZEB水準の省エネ性能の確保を目指している

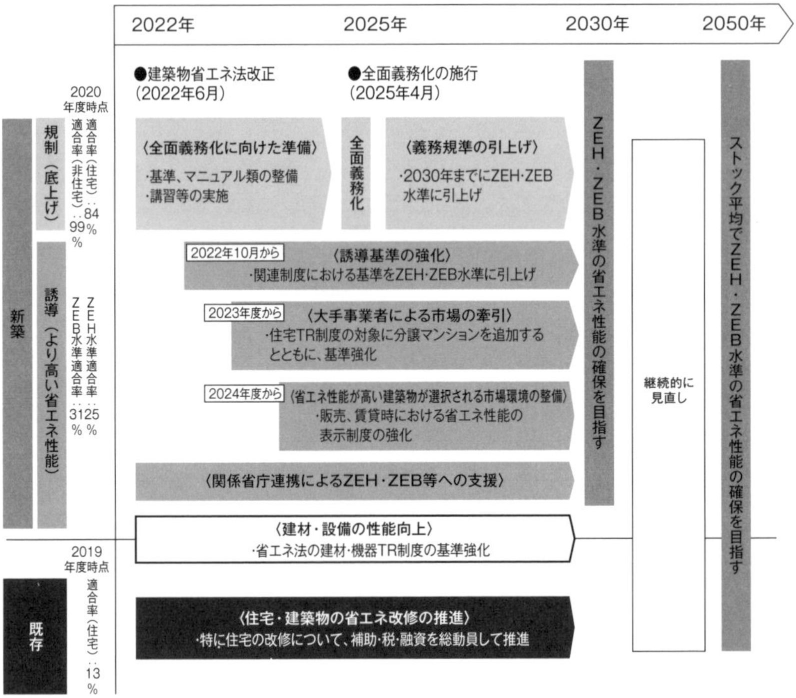

2022年
2025年
2030年
2050年
●建築物省エネ法改正（2022年6月）
●全面義務化の施行（2025年4月）
2020年度時点
新築
規制（底上げ）
適合率（住宅）：84%
適合率（非住宅）：99%
誘導（より高い省エネ性能）
ZEH水準適合率：25%
ZEB水準適合率：31%
〈全面義務化に向けた準備〉
·基準、マニュアル類の整備
·講習等の実施
全面義務化
〈義務規準の引上げ〉
·2030年までにZEH·ZEB水準に引上げ
2022年10月から
〈誘導基準の強化〉
·関連制度における基準をZEH·ZEB水準に引上げ
2023年度から
〈大手事業者による市場の牽引〉
·住宅TR制度の対象に分譲マンションを追加するとともに、基準強化
2024年度から
〈省エネ性能が高い建築物が選択される市場環境の整備〉
·販売、賃貸時における省エネ性能の表示制度の強化
〈関係省庁連携によるZEH·ZEB等への支援〉
ZEH·ZEB水準の省エネ性能の確保を目指す
継続的に見直し
ストック平均でZEH·ZEB水準の省エネ性能の確保を目指す
〈建材·設備の性能向上〉
·省エネ法の建材·機器TR制度の基準強化
2019年度時点
既存
適合率（住宅）：13%
〈住宅·建築物の省エネ改修の推進〉
·特に住宅の改修について、補助·税·融資を総動員して推進

なるほど…何でも新しければいいってもんじゃないんですねー
太陽光発電の効果
ところでお義父さん省エネといえば太陽光発電はどーなんですか？
助成金もあるって聞いたし、いざ停電なんてとき自前で発電できればいいんじゃないかなって…
って、言ってるそばから最新設備……
オレも太陽光発電を設置しない手はないと思うんだ
絶対得だし！
…ふむ太陽光発電か
たしかに、地球周辺に存在する自然エネルギーの中で最も大きい太陽エネルギーを有効活用できるならそれに越したことはないな
建太ちょっと、ベランダまで来てみろ
カラッ
えっ？
どうだ？ここから見える場所のどこが太陽光パネルの設置に適しているか、お前にわかるか？
え…適してるってそんなのどこにつけたって…

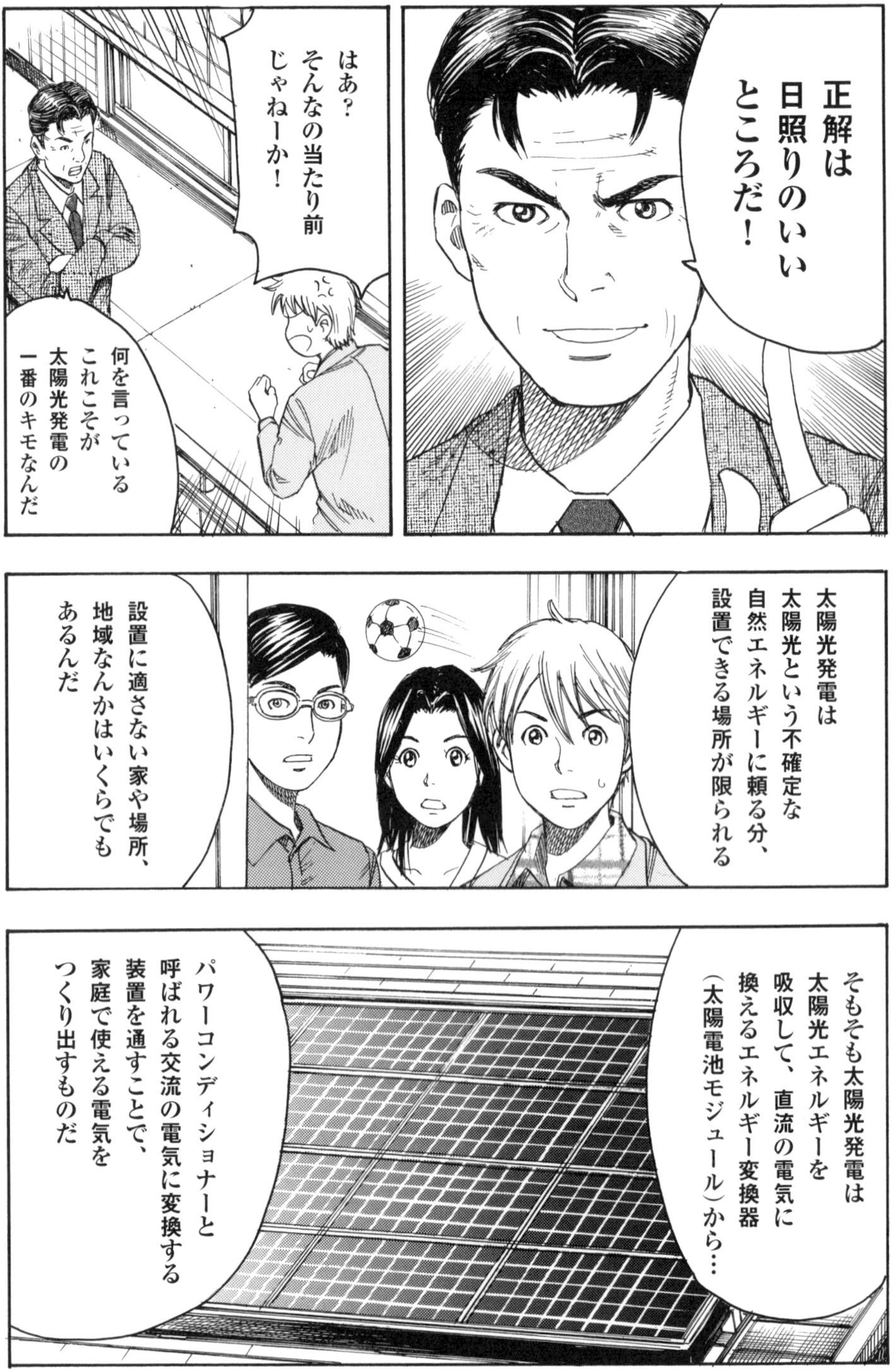
正解は日照りのいいところだ！
はあ？そんなの当たり前じゃねーか！
何を言っているこれこそが太陽光発電の一番のキモなんだ
太陽光発電は太陽光という不確定な自然エネルギーに頼る分、設置できる場所が限られる
設置に適さない家や場所、地域なんかはいくらでもあるんだ
そもそも太陽光発電は太陽光エネルギーを吸収して、直流の電気に換えるエネルギー変換器（太陽電池モジュール）から…
パワーコンディショナーと呼ばれる交流の電気に変換する装置を通すことで、家庭で使える電気をつくり出すものだ

ただ当然、太陽が出ている瞬間しか発電はしないそれに、日照時間が短かかったり日が当たらない場所だと十分な発電量を得ることができない
また、太陽電池モジュールに木やビルの影がかかると周囲からの錯乱光で10～40％の発電力しか得られないこともあるこういう場所は太陽光発電には向かない
発電力の不足や維持費がかかることも考えずに、補助金が出るからとか余った電気を売れば初期費用をペイできるとか
だってさ
そういう考えで設置して、後で後悔することが往々にしてあるものだ
それと、さっき停電などの〝いざ〟というとき、役に立つと話していたが…
そもそも太陽光発電は停電時には期待しているほど役に立たないということも知っておくべきだろうな
えっ？

## 太陽光発電に必要な機器

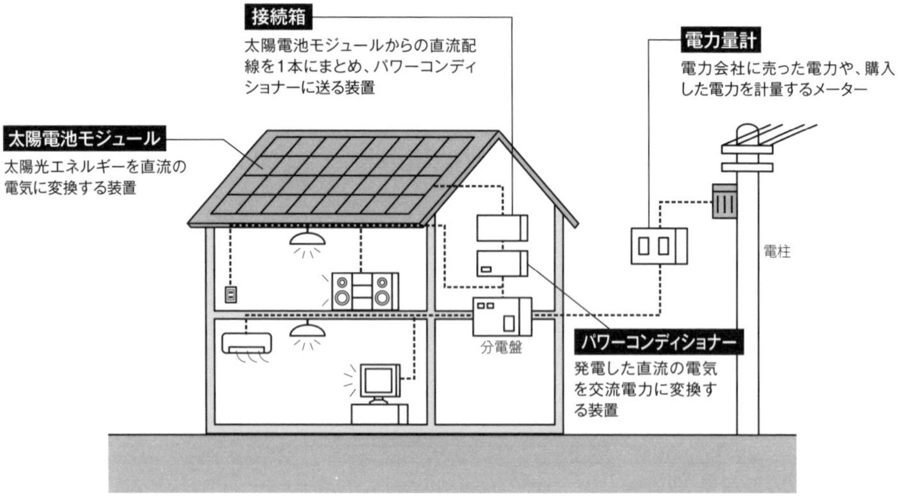
接続箱
太陽電池モジュールからの直流配線を1本にまとめ、パワーコンディショナーに送る装置
電力量計
電力会社に売った電力や、購入した電力を計量するメーター
太陽電池モジュール
太陽光エネルギーを直流の電気に変換する装置
電柱
分電盤
パワーコンディショナー
発電した直流の電気を交流電力に変換する装置

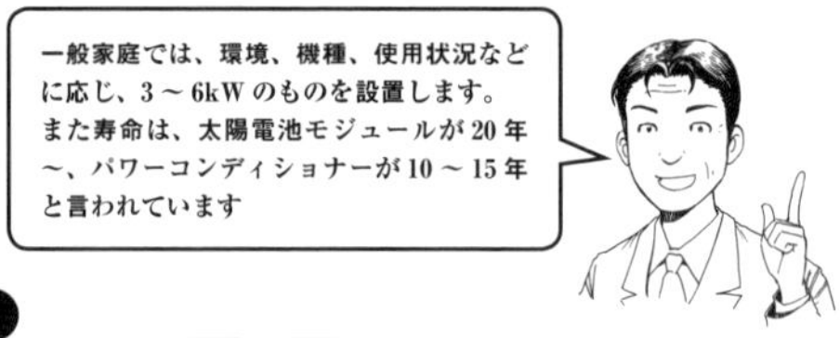
一般家庭では、環境、機種、使用状況などに応じ、3 ~ 6kW のものを設置します。また寿命は、太陽電池モジュールが 20 年~、パワーコンディショナーが 10 ~ 15 年と言われています

## 太陽電池モジュール設置のポイント

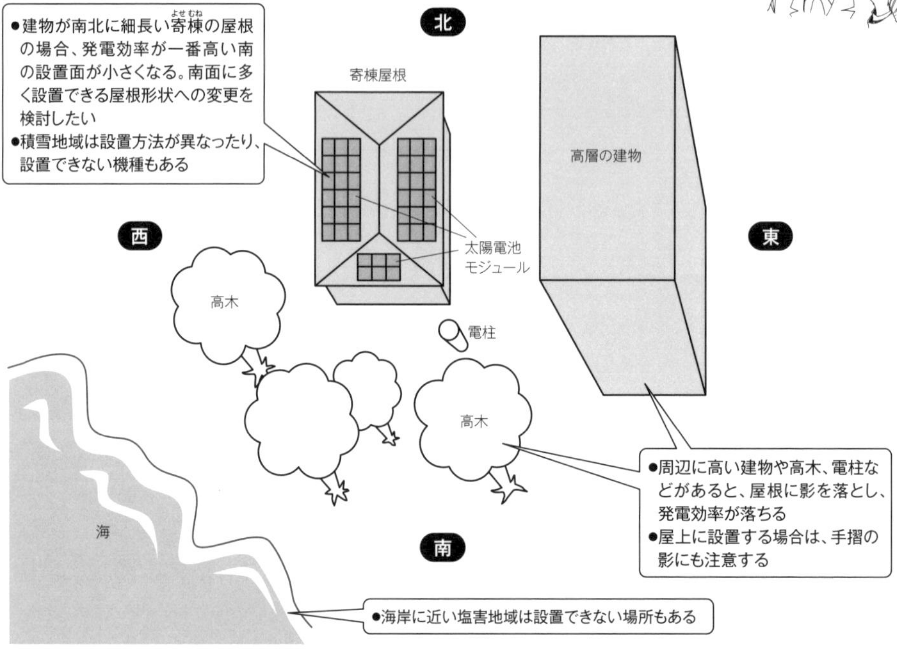
●建物が南北に細長い寄棟《よせむね》の屋根の場合、発電効率が一番高い南の設置面が小さくなる。南面に多く設置できる屋根形状への変更を検討したい
●積雪地域は設置方法が異なったり、設置できない機種もある
北
寄棟屋根
高層の建物
西
東
太陽電池
モジュール
高木
電柱
高木
海
南
●周辺に高い建物や高木、電柱などがあると、屋根に影を落とし、発電効率が落ちる
●屋上に設置する場合は、手摺の影にも注意する
●海岸に近い塩害地域は設置できない場所もある

あまり知られてないが太陽光発電は停電すると発電をストップしてしまう
えーっ、そーなんだ なんかそういうときこそ動いてくれるもんだと思ってたけど
まあ、幸い、ほとんどの太陽光発電には、停電時でも自立運転に切り替えて一カ所だけ使える非常用電源（自立運転コンセント）がついている
だが、そのコンセントから供給される最大電力は１５００Ｗだ
え？ たった1カ所？ しかも１５００Ｗって… ドライヤー1台使ったら終わりじゃん!!
今のところそういうふうに定められているから、私たちやメーカーではどうにもできないんだよ
ただ、今までの話がマイナスにとられてしまったかもしれんが…
太陽光発電には技術的にも取り組み的にもすばらしいものがある
使い方と設置場所さえきちんとしてやれば、省エネにもつながるすごくいいものだと私は思うよ

太陽熱利用の効果
そのほかに、太陽を利用してエネルギーをつくるものに太陽熱温水器がある
これは太陽の熱でお湯をつくる昔からの設備機器で、熱を温水に替える変換効率も40～60％と非常に効率的だ
太陽熱温水器で広く普及している自然循環型は、集熱パネルと貯湯タンクが一体になった構造で電力を使わなくてもお湯が沸く
初期費用が30～50万円程度で導入できるのも魅力だな
貯湯タンク
集熱パネル
注 かなりの重量があるため、設置の際は、屋根にかかる荷重を考える必要がある
へー、電気使わないいんだ
ああ、太陽と水道さえあればお湯がつくれるからな
実際、大規模な停電のとき太陽熱温水器のおかげでお湯やお風呂が使えたという人が数多くいるんだ
たしかにいいですね
ああ、だがこれも設置場所や環境、それに機種によって効率が変わってくるから、導入には十分な検討が必要だな

# 太陽熱温水器の種類と仕組み

●自然循環型（平板型）

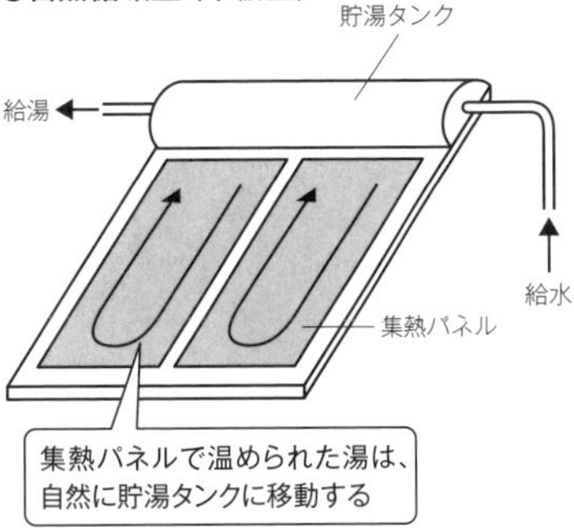


●自然循環型（真空貯湯型）

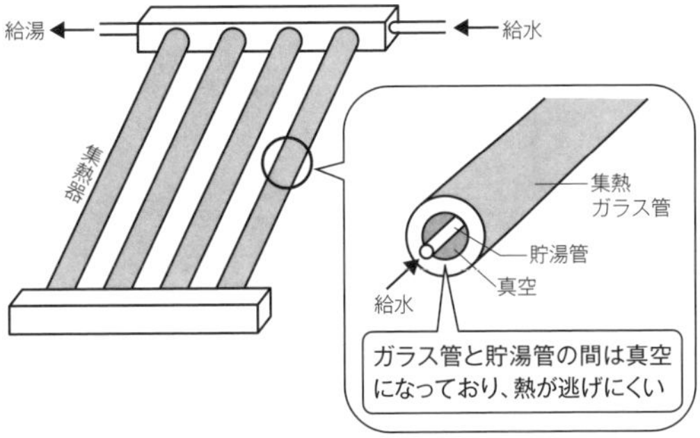


●強制循環型

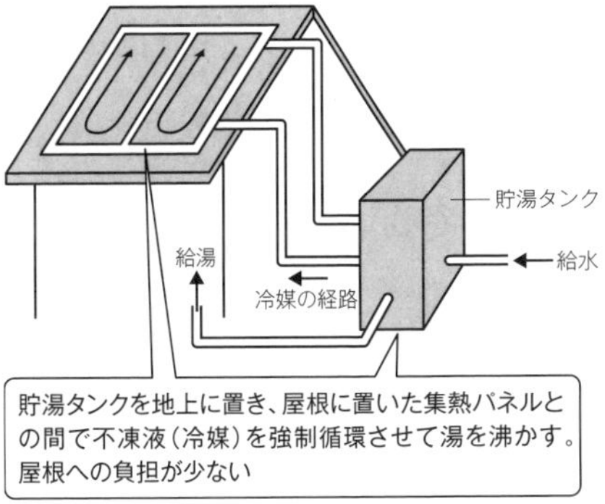


## 太陽熱給湯システムの仕組み

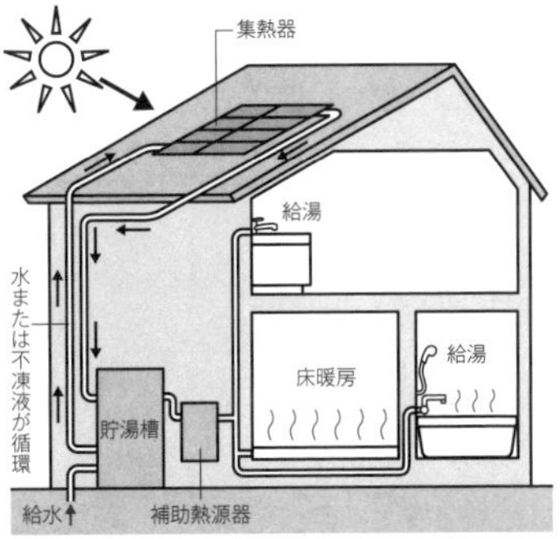


**集熱器で温めた水を給湯に使用。暖房用配管、循環ポンプなどを備えれば、床暖房への利用も可能**

太陽熱を回収し、温水として利用する太陽熱温水器には「自然循環型」と「強制循環型」の２種類があります。

広く普及している自然循環型は、集熱パネルと貯湯タンクが一体となった構造で、電力が不要なうえ、自然対流の原理を利用して貯湯タンクに湯を蓄えます。

自然循環型には、さらに「開放型」と「水道直圧型」があります。開放型はタンクと給水栓の高低差を利用して給湯を行うため、水圧の確保がポイントになります。水道直圧型は、高い給湯圧力が確保できます。このほかにも水道直圧型の一種で、集熱器の集熱部と貯湯部が一体となった「真空貯湯型」があります。ガラスに覆われた円筒状の集熱器のまわりに湯を貯める仕組みで、集熱効率や保温力が高いのが特徴です。

強制循環型は、屋根の上の集熱パネルと地上の貯湯タンクを分離させて設置するもの。パネルとタンクの間に冷媒を循環させて湯をつくり蓄える方式で、価格は多少割高ですが、貯湯量が多く、高い水圧を確保できます。また、冬でも湯温が上がりやすいというメリットもあります。より積極的に太陽熱を利用するシステムとして、給湯だけでなく、床暖房への利用も可能です。

へー、便利なものがいろいろあるんですねー
ねえ、建太くん、これからじっくり相談しようね
フフフ…
そ…そうですね…
…この人全部つけたいって言いそうだな…
…それはそうと大人の意見ばかりじゃなく、子供にも聞かないでいいのか？
え？
子供も住人の一人だろ？住人の意見を、できるだけとり入れてやるのが建築士の仕事だろ
…まあそれもそうだよな…
えっ？
どんなうちっ……
うーん…
思い出した
ゆーちゃんのうちがいい―――!!
びえ――っ
うわあああ
…相変わらず子供の扱い下手だな…
あたふた
ど―した
ナ、ナ…ナナミ…
ゆーちゃんて同じクラスの子でね
その子の家、緑のカーテンやってんだけどさ…
ナナミ、その子の家にあこがれて、ゴーヤの種まいたんだけど
結局、全部枯らしちゃってね…
もー、それ思い出すたびに泣いちゃって…
うー……

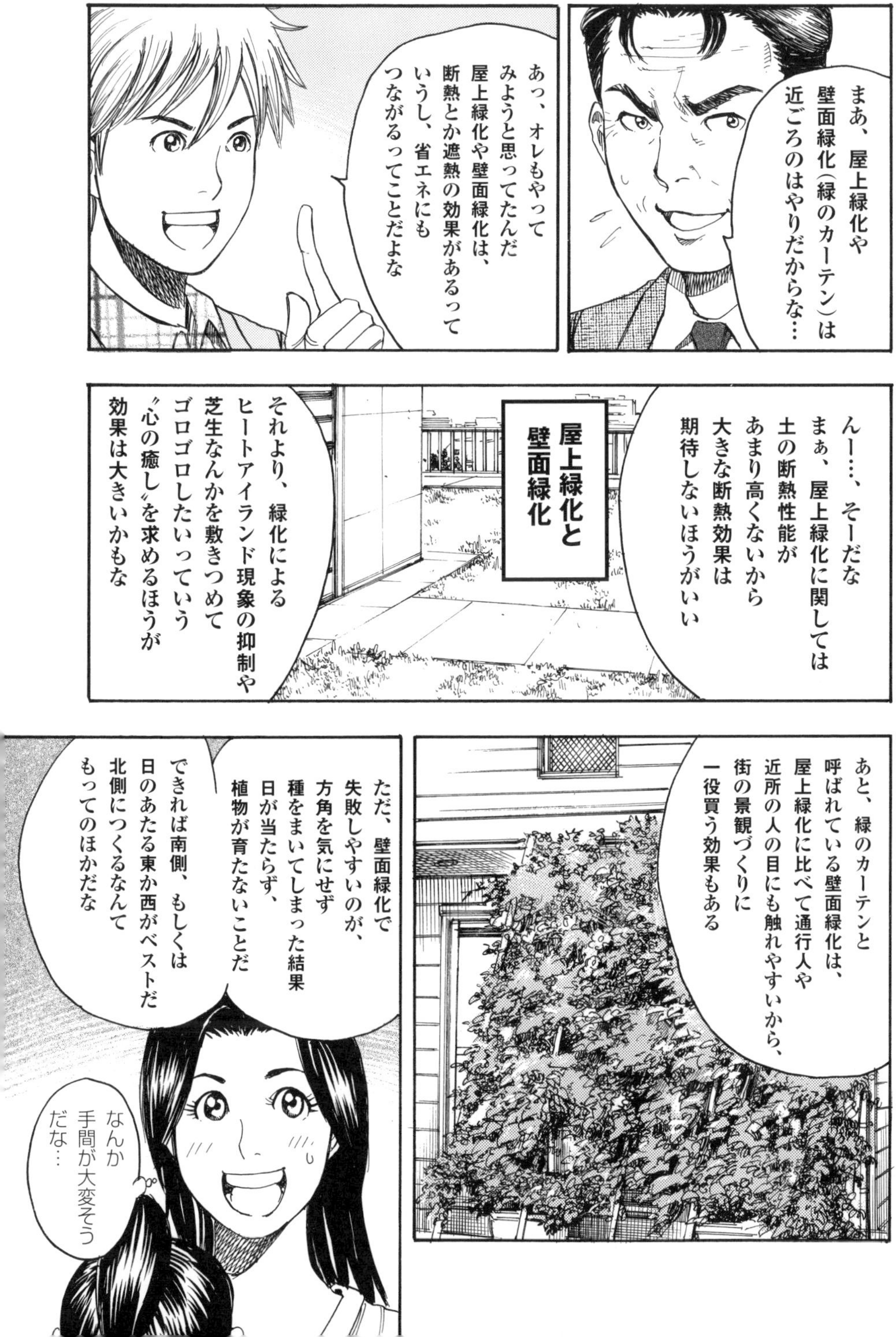

まあ、屋上緑化や壁面緑化(緑のカーテン)は近ごろのはやりだからな…
あっ、オレもやってみようと思ってたんだ 屋上緑化や壁面緑化は、断熱とか遮熱の効果があるっていうし、省エネにもつながるってことだよな
んー…、そーだな まぁ、屋上緑化に関しては土の断熱性能があまり高くないから大きな断熱効果は期待しないほうがいい
屋上緑化と壁面緑化
それより、緑化によるヒートアイランド現象の抑制や芝生なんかを敷きつめてゴロゴロしたいっていう〝心の癒し〟を求めるほうが効果は大きいかもな
あと、緑のカーテンと呼ばれている壁面緑化は、屋上緑化に比べて通行人や近所の人の目にも触れやすいから、街の景観づくりに一役買う効果もある
ただ、壁面緑化で失敗しやすいのが、方角を気にせず種をまいてしまった結果日が当たらず、植物が育たないことだ
できれば南側、もしくは日のあたる東か西がベストだ 北側につくるなんてもってのほかだな
なんか手間が大変そうだな…

## 壁面緑化の種類

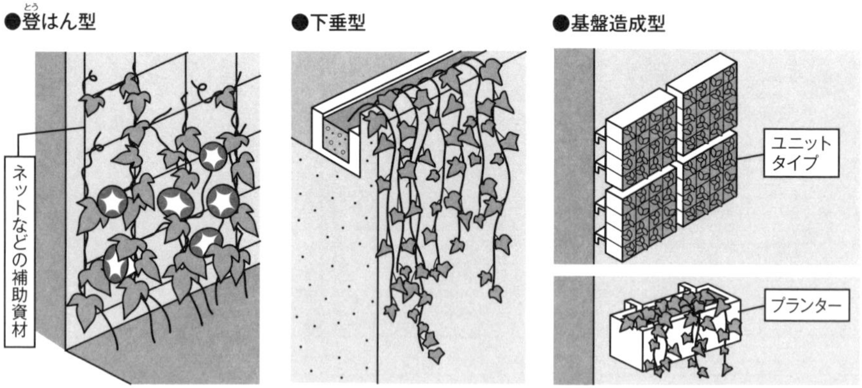
●登《とう》はん型
ネットなどの補助資材
●下垂型
●基盤造成型
ユニットタイプ
プランター

そっか、じゃあ
雨水《うすい》とかも使ったら
省エネになんのかな
あっ、それって
雨水《あまみず》ためて使うやつだよね
そんなのあったら、水道代も
すごく助かるよね
うーん、雨水利用には
過度の期待はしないほうが
いいだろうな
まあ、植物の水やりくらい
にはなるだろうが…
雨なんて、そんなに頻繁に
一定量降らないだろ
それに、水道代わりに使おうと
思ったら、
雨水の貯水タンクに
大型のものが必要になる
東京の両国国技館は
雨水を利用して
トイレの水の8割を
まかなっているそうだが、
まぁ、戸建ての場合は
“雨水は植栽の水まきの足しに”
くらいに考えておいたほうが
いいんじゃないか

## 雨水貯留タンクの設置例

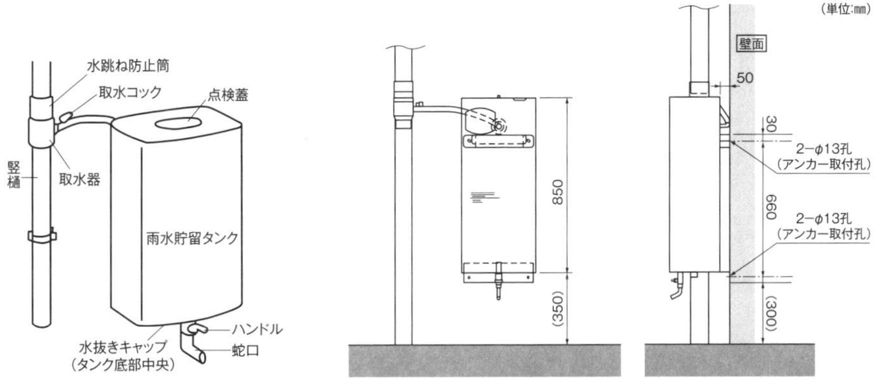
(単位:mm)
水跳ね防止筒
取水コック
点検蓋
竪樋
取水器
雨水貯留タンク
ハンドル
水抜きキャップ
(タンク底部中央)
蛇口
850
(350)
壁面
50
30
2−φ13孔
(アンカー取付孔)
660
2−φ13孔
(アンカー取付孔)
(300)

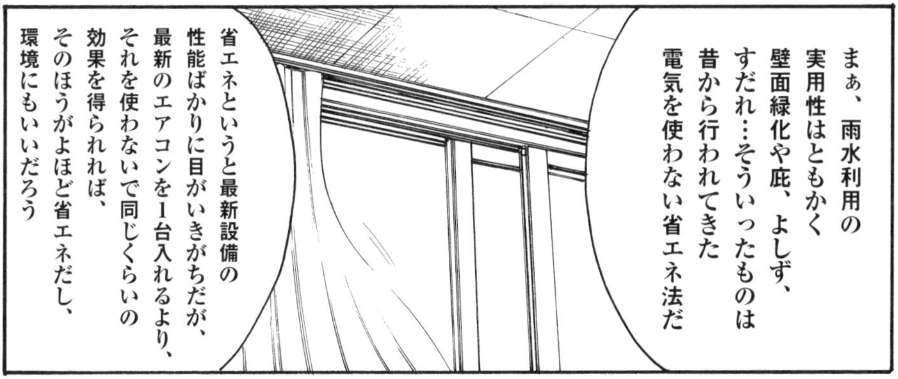
まぁ、雨水利用の実用性はともかく壁面緑化や庇、よしず、すだれ…そういったものは昔から行われてきた電気を使わない省エネ法だ
省エネというと最新設備の性能ばかりに目がいきがちだが、最新のエアコンを1台入れるより、それを使わないで同じくらいの効果を得られれば、そのほうがよほど省エネだし、環境にもいいだろう

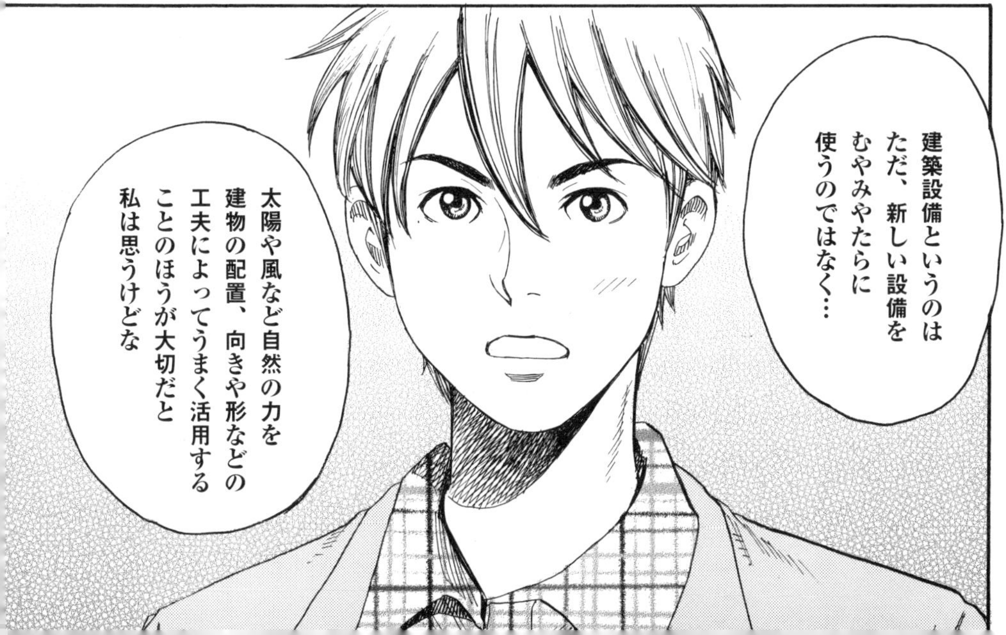
建築設備というのはただ、新しい設備をむやみやたらに使うのではなく…
太陽や風など自然の力を建物の配置、向きや形などの工夫によってうまく活用することのほうが大切だと私は思うけどな

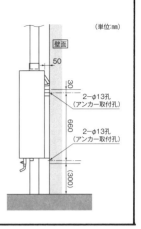

う……う
ナ…ナナミ… もう泣くな… 今度、私が一緒に 種まいてあげるから
…… 枯れない？
あ…ああ 私にまかせておけ
ピョン
やったー ジージ、大好き!!
それはそうと、建太 もうすぐ約束の期限だが 図面はどうなんだ やっぱり無理だったか？
やっぱり私が描くか？
何言ってんだ もうすぐ、オヤジが あっと驚く図面が 完成するっつーの!!
フフッ
…それよりオヤジ 間接照明のやり方 イマイチわかんねーん だけどさ…
はぁ、お前は… いいか
ん？ どうした友子 嬉しそうな顔して
え？ ううん
なんかさあ、すごく 楽しみだなーって思ってさ 家建つの

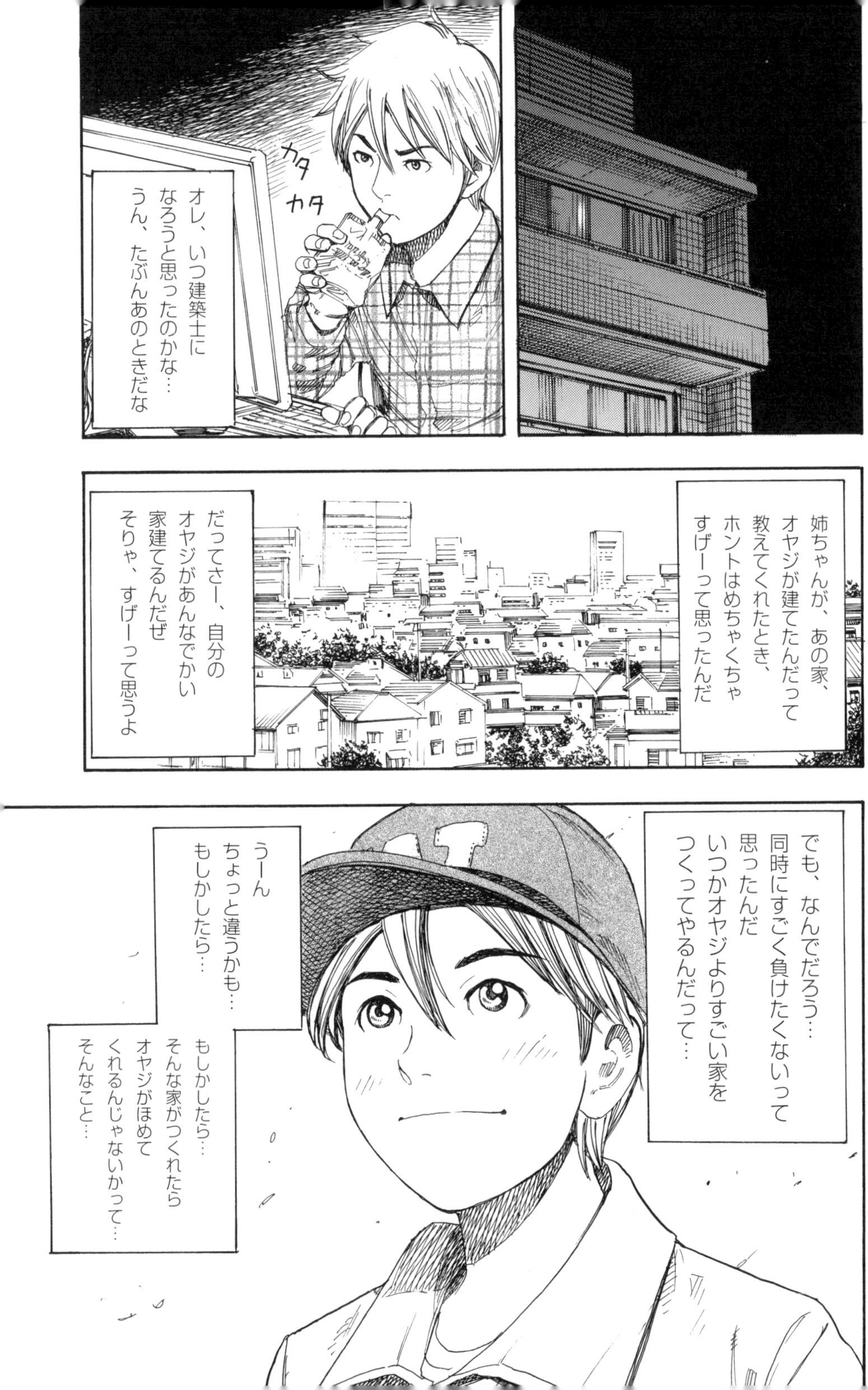

オレ、いつ建築士に
なろうと思ったのかな…
うん、たぶんあのときだな
カタ
カタ
姉ちゃんが、あの家、
オヤジが建てたんだって
教えてくれたとき、
ホントはめちゃくちゃ
すげーって思ったんだ
だってさー、自分の
オヤジがあんなでかい
家建てるんだぜ
そりゃ、すげーって思うよ
でも、なんでだろう…
同時にすごく負けたくないって
思ったんだ
いつかオヤジよりすごい家を
つくってやるんだって…
うーん
ちょっと違うかも…
もしかしたら…
もしかしたら…
そんな家がつくれたら
オヤジがほめて
くれるんじゃないかって…
そんなこと…

チチチッ…
スッ
ふう…
よくやった
じゃないか
建太

7年後
ピンポーン
はーい
ガチャ
あら、どうしたの建太、こんな時間に
近くで打ち合わせがあってさ
そーなんだ
建太――!野球やろ、野球!!
おー、タクヤ相変わらず元気だな
もー、タクヤ迷惑でしょ!

こっち来な！ホントにバカなんだから
う——
おお、ナナミ、久しぶりだなちょっと見ないうちにお姉ちゃんぽくなったな
別に…
なに照れてんのよーあんた
そういえば、さっき庭のほう見たんだけどすごくきれいな緑のカーテンだよね
そーなの近所でも評判なのよ！これもあんたの設計のおかげね
あんたのほうは最近どうなの？仕事とか
あ、いま大きなプロジェクトにちょこっとかかわらせてもらってさまあ、忙しいっちゃー忙しいのかな
はーあんたも立派になったもんね
プルルルル
あ、オヤジ…

こらー、建太！テメー、なにあんな初歩の計算間違ってんだ!!本当に建築士免許もってんのか！
メーワクだ！免許返してこい
んだとジジィ！ケンカ売ってんのか!!
あらら…やっぱ変わってなかったわ
もう一回言ってみろジジー！
建太 野球、野球！
だからダメって言ってんでしょ！
オギャーオギャー！
はい、はい みんなゴハンにしましょうか 建太、食べていかない？ ゴーヤ、イヤってほど とれたから
おわり

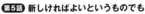

**監修**　**山田浩幸**(やまだ・ひろゆき)

建築設備家、環境エンジニア
1963年新潟県生まれ。東京読売理工専門学校建築設備学科卒業後、建築設備の設計事務所である日本設備計画、郷設計研究所を経て2002年にyamada machinery office(ymo)設立。主に戸建住宅、集合住宅の設備設計を中心に行う。また、執筆書籍「エアコンのいらない家」の読者からの住宅設計の依頼を受けて、設備事務所でありながら、住宅建築設計を数多く手がける。著書に『エアコンのいらない家』『世界でいちばんやさしい建築設備』『建築設備パーフェクトマニュアル』(エクスナレッジ)『まるごとわかる住まいの建築設備』(オーム社)などがある

**漫画**　**小林 苗**(こばやし・なえ)

大阪府出身。「ビックコミックスペリオール」増刊でデビュー。「漫画ゴラク」増刊、「ビックコミックスピリッツ」などで短期掲載

建築の仕組みが見える09

# マンガでわかる建築設備

2025年5月1日　初版第1刷発行

監修　山田浩幸　　漫画　小林 苗

発行者　三輪浩之

発行所　株式会社エクスナレッジ
〒106-0032
東京都港区六本木7-2-26
https://www.xknowledge.co.jp/

問合せ先　編集　Tel：03-3403-1381
Fax：03-3403-1345
info@xknowledge.co.jp
販売　Tel：03-3403-1321
Fax：03-3403-1829